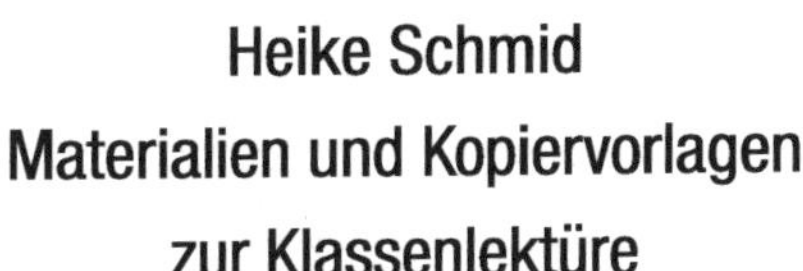

Heike Schmid
Materialien und Kopiervorlagen
zur Klassenlektüre

Manfred Mai

MUHAMMAD ALI
Das Leben eines Kämpfers

Hase und Igel®

Inhalt

Bildnachweis:
© mauritius images – ARCHIVIO GBB/Alamy: S. 5/10, S. 6/11; Keystone Press/Alamy: S. 19/25;
Pictorial Press Ltd/Alamy: S. 40; TopFoto: S. 9, S. 29, S. 30, S. 32; UPI/Alamy: S. 47
© picture alliance – ASSOCIATED PRESS/AP: S. 37/41; dpa/DB: S. 20
© Wikimedia Commons – The Courier-Journal: S. 12

www.hase-und-igel.de
Lektorat: Mira Fischer
Illustrationen: Marc Robitzky
Satz: Appel Grafik München GmbH

ISBN 978-3-86316-117-0

„Muhammad Ali" – Das Buch im Unterricht

Das Buch

Muhammad Ali gilt als die berühmteste Boxlegende aller Zeiten, das verrät schon sein Spitzname „der Größte". Aber es ist nicht nur der Ausnahmesportler, der den Boxsport wie kein anderer geprägt hat – es ist die Persönlichkeit, deren Leben uns fesselt. Neben unfassbaren Erfolgen und Comebacks gab es darin auch Niederlagen, sportlich wie privat. Alis Leben erzählt die Geschichte eines Mannes, der als Afroamerikaner etwas erreichen wollte und dieses Ziel mit unglaublicher Motivation und Disziplin verfolgte. Mit seinem selbstsicheren Auftreten, außergewöhnlichen Talent und der großen Klappe faszinierte der Boxer Millionen von Menschen. Auch zu politischen Themen bezog er Stellung und ging seinen ganz eigenen Weg, um für Gleichberechtigung zu kämpfen. Mit der vorliegenden Lektüre hat Manfred Mai eine Biografie für Kinder geschrieben, die Alis Laufbahn anschaulich und in verständlicher Sprache schildert. Sie macht Jungen wie Mädchen Mut, ihr Leben aktiv zu gestalten, Chancen zu ergreifen und ihre Wünsche in die Tat umzusetzen.

Muhammad Ali wurde als Cassius Marcellus Clay Junior am 17. Januar 1942 in Louisville im US-amerikanischen Bundesstaat Kentucky geboren. Cassius' Familie gehörte zum afroamerikanischen Mittelstand. Sein Vater verdiente den Lebensunterhalt als Schildermaler, seine Mutter arbeitete zeitweise in weißen Haushalten als Köchin und Putzfrau. Mit zwölf Jahren trat eine Wendung in Cassius' Leben ein: Er traf den weißen Polizisten Joe Martin, der nebenbei Boxtrainer war, und begann bei ihm zu trainieren. Cassius entwickelte sich rasch zum erfolgreichen Amateurboxer. Mit 18 Jahren nahm er an den Olympischen Spielen in Rom teil und kehrte mit der Goldmedaille im Halbschwergewicht zurück. Danach startete Cassius seine Profikarriere und wurde mit nur 22 Jahren Weltmeister im Schwergewicht.

Unter dem Einfluss der religiös-politischen Organisation *Nation of Islam* konvertierte Cassius zum Islam und nannte sich von nun an Muhammad Ali. Weil er den Militärdienst in Vietnam verweigerte, erlebte Alis steile Karriere 1967 eine Unterbrechung. Sein Weltmeistertitel wurde ihm aberkannt und die Boxlizenz für dreieinhalb Jahre entzogen.

Doch in den 1970er-Jahren kämpfte sich Ali zurück: 1974 gelang es ihm erneut, Weltmeister zu werden, und vier Jahre später errang er den Titel ein drittes Mal.

Trotz seines schlechten gesundheitlichen Zustands ließ sich Ali lange nicht vom Boxen abbringen. Erst 1981, nach mehreren zweitklassigen Kämpfen, beendete er seine Karriere. Einige Zeit darauf wurde bei ihm Parkinson diagnostiziert. In den Folgejahren setzte sich Ali weltweit für wohltätige Zwecke ein. Einen letzten eindrucksvollen öffentlichen Auftritt hatte er bei der Eröffnungsfeier der Olympischen Spielen in Atlanta 1996: Schwer gezeichnet von seiner Krankheit entzündete er das olympische Feuer.

Die Lektüre zeichnet die spannende Laufbahn der Boxlegende Muhammad Ali mit ihren Höhen und Tiefen nach und zeigt eindrücklich, wie steinig der Weg zu Ruhm und Erfolg sein kann. So motiviert sie Kinder ab Klasse 5 zum Lesen und Mitfiebern.

Außerdem gibt die Biografie Einblicke in ein Leben, das von Rassentrennung und Diskriminierung geprägt war. Dieser Themenkomplex ist durch das Erstarken der Bewegung *Black Lives Matter* sowie die Zunahme von Rassismus in unserer Gesellschaft und nicht zuletzt im Alltag vieler Schüler heute aktueller denn je.

Das Material

Das vorliegende Material ist für eine 15- bis 20-stündige Unterrichtssequenz konzipiert. Dabei sind die Kopiervorlagen und weiterführenden Vorschläge als Auswahl zu verstehen, die Sie an eigene Schwerpunkte und Ihre individuelle Klassensituation anpassen können.

Das Material orientiert sich am chronologischen Handlungsverlauf der Biografie und ist in fünf Sinnabschnitte gegliedert – vier zum Inhalt sowie einen zur Nachbereitung der Lektüre. Jeder Abschnitt beginnt mit einem Lehrerteil. Dieser umfasst zunächst eine kurze Zusammenfassung der einzelnen Kapitel. Darauf folgen didaktische Hinweise und Lösungen zu den Kopiervorlagen, Gesprächs- und Schreibanlässe sowie Ideen für eine kreative Auseinandersetzung mit den Themen des Buches. Unmittelbar im Unterricht einsetzbare Kopiervorlagen runden jeden der fünf Abschnitte ab.

Im Mittelpunkt steht die Biografie Muhammad Alis, insbesondere seine Boxkarriere. Aber auch seine Erfahrungen als Afroamerikaner in einer von Ausgrenzung dominierten Gesellschaft spielen eine wichtige Rolle. Nötiges Hintergrundwissen zu den Themenbereichen Rassismus, *Black Lives Matter* und *Nation of Islam* wird anhand von Lücken- und Informationstexten vermittelt.

Durch vielfältige Aufgabentypen, z.B. Rätsel, das Zuordnen und Vervollständigen von Sätzen, Multiple-Choice-Fragen und ein Quiz in Form eines „literarischen Boxkampfs", können die Schüler ihr Leseverständnis unter Beweis stellen.

Zahlreiche Gesprächsanlässe fordern sie dazu auf, sich eine eigene Meinung zu bilden sowie Sachverhalte zu formulieren und zu bewerten. Ausgewählte Textstellen der Lektüre laden dazu ein, einen Vorlesewettbewerb zu veranstalten. Das Material ermöglicht zudem einen Transfer von Alis Boxkampfwelt zu den Erfahrungen der Kinder: So werden sie dazu angeregt, ihre Lieblingssportart zu präsentieren, Vergleiche mit ihnen bekannten Spitzensportlern herzustellen oder von der eigenen Teilnahme an Sportereignissen zu berichten.

Die vertiefte Auseinandersetzung mit Alis Leben ist anhand von Schreibaufträgen wie innerer Monolog, Brief, Bericht, Tagebucheintrag und fiktives Interview gewährleistet. Insgesamt wird Wert darauf gelegt, dass sich die Kinder im Formulieren üben und nicht nur stichwortartige Lösungen notieren.

In der Rubrik „Kreativ aktiv“ finden Sie viele Ansatzpunkte für eine aktive Schülerbeteiligung, z. B. in Form einer „sportlichen Deutschstunde“. Verschiedene handlungs- und produktionsorientierte Verfahren kommen zum Einsatz, wie das Bauen von Standbildern, das Erstellen von Plakaten und Collagen sowie das Drehen kurzer Filme.

Das Angebot beinhaltet auch einige Übungen zur Spracharbeit (Wortschatz und Grammatik). Um heterogene Klassengemeinschaften zu berücksichtigen, werden immer wieder Differenzierungsmöglichkeiten aufgezeigt.

Signets am oberen Seitenrand verdeutlichen den thematischen Schwerpunkt jeder Kopiervorlage:

Zur Lektüre

Alis Boxwelt

Rassismus und Bürgerrechtsbewegung

Alis Glaubenswelt

Sprache unter der Lupe

Viel Spaß beim Lesen und Arbeiten mit dem Material sowie gewinnbringende Erkenntnisse bei der Beschäftigung mit der Biografie des größten Boxers aller Zeiten wünscht Ihnen und Ihrer Klasse

Heike Schmid

1. bis 5. Kapitel: Kindheit und Jugend

Inhalt

(1) Kindheit

Cassius Marcellus Clay Junior wird am 17. Januar 1942 in Louisville (Kentucky, USA) als erstes Kind der hellhäutigen Odessa und ihres dunkelhäutigen Mannes Cassius Marcellus Senior geboren. Eineinhalb Jahre später bekommt das Paar noch einen Sohn, Rudolph. Die Familie gehört zur schwarzen Mittelschicht – der Vater ist Maler von Schildern und Werbetafeln, die Mutter Köchin und Putzfrau. Frau und Kinder leiden unter der Trinkerei von Clay Senior, der oft gewalttätig wird. Auch das Erleben von Rassendiskriminierung gehört zum Alltag der Jungen. Vor allem Cassius findet dies ungerecht und kann sich schwer damit abfinden, in den Augen der Weißen als Mensch zweiter Klasse zu gelten.

(2) Der Fahrraddiebstahl

Als Cassius im Oktober 1954 den Diebstahl seines neuen Fahrrads melden will, macht er Bekanntschaft mit dem Polizisten Joe Martin. Der bringt im Untergeschoss der Columbia-Halle schwarzen und weißen Jungen das Boxen bei. Martin lädt Cassius zum Training ein.

Cassius erhält die Erlaubnis seiner Eltern und geht von nun an regelmäßig in Martins Boxkeller. Dort lernt er schnell. Schon einen Monat später gewinnt er seinen ersten offiziellen Boxkampf in der Talentshow *Champions von morgen* und verkündet nach dem Sieg: „Ich werde Weltmeister!“

(3) Ein neuer Boxstil

Cassius weist kein besonderes Talent fürs Boxen auf, aber er trainiert sehr fleißig. Dabei entwickelt er einen ganz eigenen Kampfstil, der sich durch blitzschnelles tänzelndes Umkreisen des Gegners und hängende Fäuste auszeichnet. Joe Martin ist von diesem Stil wenig begeistert, doch Cassius lässt sich nicht davon abbringen. Er versucht einen anderen Trainer zu finden, kehrt allerdings schnell zu Martin zurück.

(4) Eine schreckliche Tat

Als Cassius 13 Jahre alt ist, wird ein etwa gleichaltriger afroamerikanischer Teenager im Bundesstaat Mississippi von zwei Weißen aus rassistischen Motiven auf grausame Weise ermordet. Trotz eindeutiger Beweislage spricht die ausschließlich mit weißen Männern besetzte Jury die beiden Angeklagten frei. In den USA löst der Fall Emmett Till eine Welle der Empörung und eine Diskussion über Rassismus in den Südstaaten aus. In der Folge kommt es zu großen Protesten der schwarzen Bevölkerung und die Bürgerrechtsbewegung entsteht.

Cassius fokussiert sich aufs Boxen, weil er dies als Weg sieht, als Schwarzer in den USA etwas zu erreichen.

(5) Ein schlechter Schüler

Obwohl Cassius ein schlechter Schüler ist, geht er gern in die Schule, weil er die Aufmerksamkeit für seine Späße und Angebereien genießt. Seine Energie richtet er jedoch ausschließlich aufs Boxtraining.

Als Cassius einen Kampf gegen seinen Rivalen Corky Baker, den stärksten Kerl von Louisville, gewinnt, erhält er viel Anerkennung. Seine Lehrer zeigen sich davon wenig beeindruckt und wollen den jungen Boxer aufgrund seiner mangelnden Kenntnisse am Ende der Schulzeit ohne Abschlusszeugnis entlassen. Der Rektor Atwood Wilson macht sich aber für Cassius stark, weil er sein sportliches Engagement und Potenzial sieht, und sorgt dafür, dass Cassius schließlich doch ein Zeugnis erhält.

Unterrichtsschwerpunkte

- Cassius Clay und seine Familie
- Cassius' Charaktereigenschaften
- Rassentrennung und Rassismus
- Beginn einer Boxkarriere
- Spracharbeit: Wortschatzerweiterung (Adjektive)

Zu den Kopiervorlagen

Familie Clay

Dieses Arbeitsblatt bezieht sich auf das 1. Kapitel und widmet sich Cassius' familiärem Hintergrund. Indem die Schüler entsprechende Informationen aus dem Lektüretext herausfiltern und in ein Schaubild eintragen, verschaffen sie sich einen ersten Überblick. Anschließend erstellen sie ein ähnliches Schaubild zu ihrer eigenen Familie.

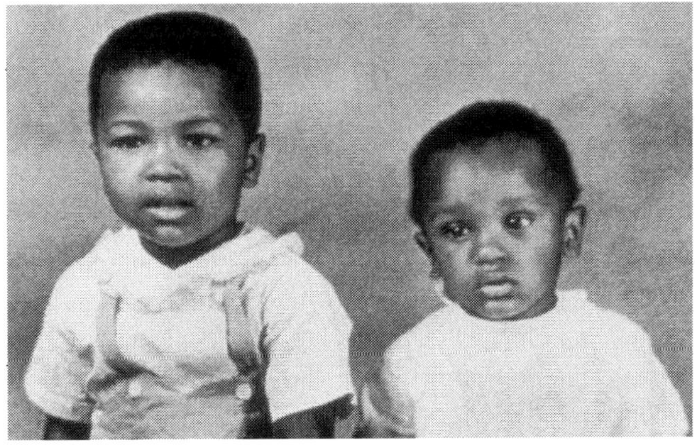

Eltern: Odessa	Cassius Marcellus Senior
Beruf: Köchin, Putzfrau	Schildermaler
Hautfarbe: hellhäutig, aber keine Weiße	dunkelhäutig
Sonstiges: kümmert sich gut um die Familie	trinkt gern, wird oft gewalttätig

1. Sohn	2. Sohn
Name: Cassius Marcellus Junior	Rudolph Arnett
geboren: 17. Januar 1942	1943
Sonstiges: findet Rassendiskriminierung ungerecht, hilft der Mutter bei Streitigkeiten mit dem angetrunkenen Vater

Wohnort der Familie: Louisville, Kentucky, USA

KV Seite 11

Was für ein Typ ist Cassius Junior?

Nachdem die Schüler Cassius in den ersten drei Kapiteln kennengelernt haben, setzen sie sich auf diesem Arbeitsblatt mit seinen Charaktereigenschaften auseinander. Dabei erweitern sie ihren Wortschatz. Klären Sie zunächst gemeinsam die Bedeutung unbekannter Adjektive (z. B. „aufschneiderisch") und lassen Sie die Kinder diese dann passend in die Tabelle eintragen.

Im nächsten Schritt ergänzen die Schüler weitere Adjektive. Vertiefend begründen sie die Zuordnung von fünf Charaktereigenschaften anhand jeweils eines Textbeispiels aus der Lektüre.

Nach der intensiven Beschäftigung mit Cassius stellen die Kinder einen Bezug zu sich selbst her: Sie überlegen sich, ob sie Cassius gern als Freund hätten und mit welchen Adjektiven sie ihren eigenen Charakter beschreiben würden.

Lösung

Aufgaben 1 und 2:

Trifft zu	Trifft nicht zu	Wird nicht erwähnt
ehrgeizig, fleißig, mutig, gerechtigkeitsliebend, entschlossen, aufschneiderisch, sportlich, selbstbewusst, z. B. lernbereit, stolz	bescheiden, gewalttätig, verwöhnt, brav, z. B. langweilig, kleinlaut	ordentlich, glücklich, tierlieb, geduldig

Aufgabe 3:

z. B. ehrgeizig: „‚Ich muss meine Art zu boxen nur noch besser, noch perfekter machen.'" (3. Kapitel, S. 20)
fleißig: „Aber Cassius trainierte fleißiger als sein Bruder und alle anderen Schüler von Joe Martin." (3. Kapitel, S. 18)
gerechtigkeitsliebend: „Er fragte sich, warum sie als Schwarze vieles nicht machen durften und weniger Rechte hatten." (1. Kapitel, S. 10)
mutig: „Schon bei seinem zweiten Training stieg der gerade mal zwölfjährige Anfänger mit einem älteren Boxer in den Ring." (2. Kapitel, S. 16)
entschlossen: „Cassius ließ sich nicht von seinem Weg abbringen, auch nicht durch Joe Martin, dem er viel zu verdanken hatte." (3. Kapitel, S. 20)
aufschneiderisch: „Nachdem der Ringrichter das Urteil verkündet hatte, riss Cassius die Arme hoch und schrie: ‚Ich werde Weltmeister!'" (2. Kapitel, S. 17)
sportlich: „Cassius lernte schnell." (2. Kapitel, S. 16)
selbstbewusst: „‚Dann bin ich eben der erste', gab Cassius beinahe trotzig zurück." (3. Kapitel, S. 20)

Aufgaben 4 und 5:

individuelle Lösung

KV Seite 12

Ein schwarzer Junge in den USA

Im 1. und 4. Kapitel erfahren die Schüler, dass Cassius' Kindheit von der Ungleichbehandlung

Schwarzer geprägt war. Ausgehend von einem kurzen Informationstext über Rassismus setzen sie sich mit der durch Rassentrennung bestimmten Lebenswelt des zukünftigen Boxers auseinander.

Lösung

Aufgabe 1:

Die Menschenwürde ist in unserem Grundgesetz festgelegt. Sie besagt, dass jeder Mensch wertvoll ist, allein weil er ein Mensch ist. Auch in den USA und in vielen anderen Ländern stehen Gleichheitsrechte in der Verfassung. Alle sollten gleichbehandelt werden und dieselben Rechte haben. Leider war und ist das in der Realität nicht immer der Fall.

Wie wissenschaftlich bewiesen ist, haben wir alle einen gemeinsamen Ursprung. Dennoch war lange Zeit die Meinung verbreitet, dass es verschiedene Rassen von unterschiedlichem Wert gibt. Diese Vorstellung bezeichnet man als „Rassismus". Rassismus bedeutet, dass jemand aufgrund seiner Hautfarbe, Herkunft, Kultur oder Religion schlechter behandelt, abgelehnt oder ausgegrenzt wird. Diese Ungleichbehandlung und Benachteiligung nennt man auch Diskriminierung.

Aufgabe 2:

Als Cassius an einem heißen Sommertag mit seiner Mutter in der Stadt ist und Durst bekommt, bittet seine Mutter an einer Imbissbude höflich um ein Glas Wasser für ihn. Der weiße Verkäufer meint, er habe für den „kleinen Nigger" kein Wasser, und scheucht die beiden davon.

Aufgabe 3:

Geschäfte, Parks, Schulen, Restaurants, Kinos, Busse

Aufgabe 4:

Im Boxkeller bei Trainer Joe Martin trainieren weiße und schwarze Jungen gemeinsam.

KV Seite 13

Die Geschichte des Rassismus

Dieses Arbeitsblatt vermittelt den Schülern Hintergrundinformationen zur Geschichte des Rassismus in den USA. Zunächst ergänzen sie in Einzelarbeit den Lückentext. Der ausgefüllte Text wird mit einem Partner verglichen. Stimmen die eingesetzten Nomen überein, ist die Lösung mit hoher Wahrscheinlichkeit korrekt. Gibt es Unterschiede, so überlegen die Kinder gemeinsam, welches Wort das richtige ist. Abschließend überprüfen sie ihre Ergebnisse anhand eines bereitgelegten Lösungsblatts.

In der nächsten Phase lesen sich die Schüler den vollständigen Text nochmals gründlich durch und versuchen sich dann den Inhalt gegenseitig zu erklären.

Ist das Blatt von allen bearbeitet, können einzelne Kinder, die das gegenseitige Erklären schon geübt haben, den Sachverhalt vor der gesamten Klasse erläutern (auch in Partnerarbeit).

Differenzierungsmöglichkeit: Recht einfach lassen sich aus der Kopiervorlage Varianten mit unterschiedlichem Schwierigkeitsgrad erstellen. Dazu verringern Sie einfach die Anzahl der einzusetzenden Nomen, indem Sie die entsprechenden Rahmen oben streichen und die Wörter bereits eintragen.

Lösung

Seit dem 16. Jahrhundert bauten die europäischen Siedler in den USA Tabak, Zuckerrohr und später auch Baumwolle an. Für die Bewirtschaftung der riesigen Felder brauchten sie viele billige Arbeitskräfte. Und die holten sie sich überwiegend aus Westafrika. Dort wurden Menschen gefangen genommen oder von Sklavenhändlern gekauft und auf Handelsschiffen nach Nordamerika verfrachtet.

Auf den Plantagen mussten die Sklaven hart arbeiten. Sie bekamen keinen Lohn, hatten keine Rechte und waren das Eigentum der weißen Besitzer – mussten also tun, was diese ihnen befahlen. Man nennt diesen Zustand Sklaverei.

Bis Mitte des 19. Jahrhunderts wurde die Sklaverei in den meisten US-amerikanischen Bundesstaaten im Norden abgeschafft. Die Nordstaaten verlangten auch von den Bundesstaaten im Süden die Abschaffung der unmenschlichen Sklaverei. Doch die Südstaaten wollten ihre kostenlosen Arbeiter auf ihren riesigen Plantagen behalten. So kam es 1861 zum Bürgerkrieg zwischen den Nord- und Südstaaten. Die Südstaaten verloren den Bürgerkrieg und die Sklaverei wurde 1865 mit der Änderung der Verfassung verboten.

Aber eine Gleichheit von Schwarzen und Weißen gab es dadurch noch lange nicht. Die meisten Weißen hielten sich für überlegen und klüger und sorgten weiterhin für eine Ausgrenzung der schwarzen Bevölkerung. Schwarze wurden nach wie vor nicht gleichbehandelt und in vielen Südstaaten herrschte Rassentrennung.

Der Fall George Floyd

Mit der Tötung von George Floyd stellt diese Kopiervorlage eine aktuelle rassistische Straftat in den Mittelpunkt. Sie kann sehr gut nach der Lektüre des 4. Kapitels und der Auseinandersetzung mit der Ermordung von Emmett Till (siehe „Gesprächs- und Schreibanlässe", Seite 9) zum Einsatz kommen.

Der Text, der in drei Abschnitte gegliedert ist, schildert den Fall George Floyd, geht auf die Bewegung *Black Lives Matter* ein und berichtet vom Gerichtsurteil. Ganz bewusst enthält er Zitate von kindgerechten Internetseiten, damit die

Schüler solche Angebote kennenlernen und feststellen, dass deren Inhalte verständlich formuliert sind.

Zur Erarbeitung des Textes eignet sich eine arbeitsteilige Gruppenarbeit in drei Lernphasen. Bilden Sie dazu Dreiergruppen. In der ersten Lernphase bekommt jedes Gruppenmitglied einen der Abschnitte und erschließt sich diesen mithilfe der Fünf-Schritt-Lesemethode.

In der zweiten Phase vermitteln sich die Kinder nun gegenseitig ihr erworbenes Wissen. Dabei gehen sie folgendermaßen vor: Schüler A erklärt seiner Gruppe mithilfe der notierten Stichworte den Sachverhalt aus Textabschnitt 1. Um das Verständnis der beiden anderen zu prüfen, stellt er ihnen anschließend die Fragen, die er zuvor formuliert und beantwortet hat. Danach sind Schüler B und C an der Reihe.

In der dritten Phase erstellt die Gruppe gemeinsam eine Mindmap zum Fall George Floyd. Ergänzend drucken die Kinder passende Abbildungen aus dem Internet aus, kleben sie dazu und versehen sie mit Bildunterschriften.

KV Seite 15

Ist das gerecht?

Hier geht es um den Schüler Cassius (5. Kapitel) und die Frage, ob er ein Abschlusszeugnis erhalten soll. Schulische Leistungen und Gerechtigkeit sind Dinge, die Kinder stark beschäftigen. Die Aufgaben dieses Blattes bieten ihnen die Möglichkeit, verschiedene Argumente abzuwägen, sich eine eigene Meinung zu bilden und diese begründend zu äußern. Diskutieren Sie abschließend im Plenum über die Entscheidung, dass Cassius ein Abschlusszeugnis erhält.

Lösung

Aufgabe 2:
individuelle Lösung

Aufgabe 3:
z. B. Ich finde es nicht gerecht, dass Cassius ein Abschlusszeugnis erhält, weil er sich in der Schule nicht anstrengt und seine ganze Energie bloß aufs Boxen verwendet. Ein Zeugnis sollte man nur dann bekommen, wenn man den Schulabschluss auch geschafft hat.
Ich finde es gerecht, dass Cassius ein Abschlusszeugnis erhält, denn beim Boxen hat er gezeigt, dass er sehr ehrgeizig und diszipliniert sein kann. Dafür verdient er Belohnung.

Literarischer Boxkampf

Mit diesem Quiz können die Schüler ihre Textkenntnis der ersten fünf Kapitel spielerisch überprüfen. Teilen Sie die Klasse in Dreiergruppen ein. Jede Gruppe erhält einen Stapel Fragekarten. Kopieren Sie dafür die Vorlage je nach Anzahl der Gruppen auf dickeres Papier und lassen Sie die Kinder die Karten ausschneiden. Zwei „Boxer" treten pro Runde im Ring gegeneinander an. Das dritte Kind ist der „Ringrichter", der ein Kärtchen vom Stapel nimmt und die Frage vorliest. Der „Boxer", der zuerst die richtige Antwort gibt, bekommt einen Punkt.

Die Runden werden in einem rotierenden Verfahren gespielt, das heißt, in Runde 1 ist Schüler A der Ringrichter und Schüler B tritt gegen Schüler C an. In Runde 2 ist Schüler B der Ringrichter und Schüler A tritt gegen Schüler C an. In Runde 3 ist Schüler C der Ringrichter und Schüler A tritt gegen Schüler B an. Gewonnen hat der „Boxer", der am Ende die meisten Punkte erzielt hat.

Gesprächs- und Schreibanlässe

Das erste Geschenk – mein Name

Am Anfang des Lebens bekommt man von seinen Eltern den eigenen Namen. Im 1. Kapitel erfährst du die Gründe für Cassius' Namensgebung. Doch warum hast du deinen Namen erhalten? Frage deine Eltern, wie sie ihn für dich gewählt haben. Vielleicht kannst du auch herausfinden, was dein Name bedeutet. Notiere die Informationen und sprecht in der Klasse darüber.

Was wäre, wenn …

„Der Fahrraddieb wurde nie gefasst, Cassius sah sein Rad niemals wieder. Aber ohne den Raub wäre er vermutlich Joe Martin nicht begegnet und hätte vielleicht nicht mit dem Boxen angefangen." (3. Kapitel, Seite 18) Das ist ein guter Impuls für ein „Esstischgespräch" mit deinen Eltern oder Großeltern. Wo wurden in ihrem Leben Weichen gestellt? An welchem Punkt hätten sie unter Umständen einen anderen Weg eingeschlagen? Frage nach und erzähle deinen Mitschülern davon.

Champions von morgen

Champions von morgen ist eine Talentshow. Welche Talentshows kennst du und schaust du gern? Welche Begabung hast du? Das ist ein unterhaltsames Thema für ein Klassengespräch.

Der erste offizielle Boxkampf

Stell dir vor, Cassius liegt am Vorabend seines ersten Kampfes im Bett und kann vor Aufregung nicht einschlafen. Morgen wird er gegen Ronnie O'Keefe in den Ring steigen und ganz Louisville und die Menschen im Bundesstaat Kentucky können den Kampf im Fernsehen verfolgen. Welche Gedanken gehen Cassius durch den Kopf? Schreibe einen inneren Monolog.

Die Sache mit der Motivation
„Ich habe angefangen zu boxen, weil ich glaubte, dass es in diesem Land für einen Schwarzen der schnellste Weg war, es zu etwas zu bringen." (4. Kapitel, S. 26) Diese Aussage macht deutlich, was Cassius angetrieben hat. Wofür bist du (besonders) motiviert? In welchen Bereichen fehlt dir manchmal Motivation? Was sind die Gründe dafür?

Die Ermordung von Emmett Till
Im 4. Kapitel wird die grausame Tötung des Teenagers Emmett Till und somit ein Beispiel für rassistische Gewalt in den USA geschildert. Um sicherzustellen, dass die Schüler den Sachverhalt begreifen, ist es sinnvoll, folgende Fragen in einem Klassengespräch zu klären:

1. Emmett Till lebte in Chicago und war etwa so alt wie Cassius Clay. Warum ging er in eine Schule, in der schwarze und weiße Kinder gemeinsam unterrichtet wurden, während Cassius nicht mal mit weißen Kindern in den Vergnügungspark durfte?
2. Wieso verlangten der Ehemann der Verkäuferin und sein Halbbruder, dass Emmett sich bei der Frau entschuldigen sollte?
3. Warum haben die beiden Männer Emmett ermordet?
4. Wenn man jemanden tötet, kommt man ins Gefängnis. Weshalb wurden die Täter freigesprochen?
5. Nach dem Mord an Emmett Till demonstrierten die Menschen und eine Bürgerrechtsbewegung entstand. Was ist das?

Folgende Antworten können im Klassengespräch erarbeitet werden:

1. Emmett lebte in Chicago, einer Stadt im Norden der USA. Weil es dort keine so strenge Rassentrennung wie in den Südstaaten gab, wurden an seiner Schule weiße und schwarze Kinder gemeinsam unterrichtet.
2. Er hatte sich von der weißen Verkäuferin mit den Worten „Bye, Baby!" verabschiedet. Dies fassten der Ehemann und sein Halbbruder als unverschämte „Anmache" auf.
3. Emmett verweigerte eine Entschuldigung.
4. Der Richter und die Geschworenen waren weiße Männer. Sie sprachen die beiden Angeklagten frei, weil auch sie Weiße waren. Aus rassistischen Gründen befanden sie, dass man diesen Mord an einem schwarzen Jungen nicht bestrafen musste.
5. Eine Bürgerrechtsbewegung ist eine soziale Bewegung, die versucht, Menschen- und Bürgerrechte durchzusetzen. In diesem Fall forderten die Afroamerikaner die Abschaffung der Rassentrennung und somit die Gleichberechtigung von Weißen und Schwarzen.

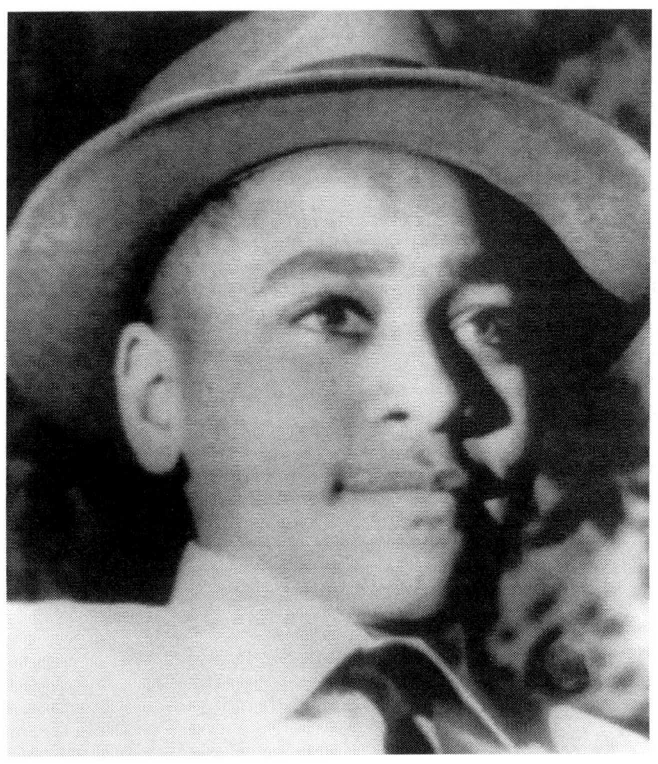

Kreativ aktiv

Boxsport
Viele örtliche Sportvereine haben eine Boxabteilung. Boxtrainer sind oft bereit, an die Schule zu kommen und ein kleines Boxtraining mit einer Klasse zu absolvieren. Dies kann z. B. sehr gut als handlungsorientierter Einstieg in die Lektüre dienen.

Starke Sätze
Schreibe parallel zur Lektüre aus jedem Kapitel einen markanten Satz heraus. Dies kann eine Aussage von oder über Cassius sein. Lege dazu eine Tabelle in deinem Heft oder Ordner an. Aus deiner individuellen Auswahl entsteht so eine besondere Zusammenfassung der Biografie.

Collage
In den ersten fünf Kapiteln hast du viel über Cassius' Lebenswelt erfahren. Was spielte in seiner Kindheit und Jugend eine wichtige Rolle? Fertige eine Collage an, die das auf einen Blick zum Ausdruck bringt.

Familie Clay

1. Welche Informationen erhältst du im 1. Kapitel über die Familie von Cassius Clay? Trage sie in das Schaubild ein.

Eltern: ____________________

Beruf: ____________________

Hautfarbe: ____________________

Sonstiges: ____________________

____

1. Sohn

2. Sohn

Name: ____________________

geboren: ____________________

Sonstiges: ____________________

____

____

____

Wohnort der Familie:

2. Erstelle ein Schaubild zu deiner Familie.

Was für ein Typ ist Cassius Junior?

1. Trage die Charaktereigenschaften (Adjektive) passend in die Tabelle ein.

ehrgeizig | ordentlich | bescheiden | fleißig | glücklich | mutig

tierlieb | gerechtigkeitsliebend | gewalttätig | entschlossen

verwöhnt | geduldig | aufschneiderisch | sportlich | selbstbewusst | brav

Trifft zu	Trifft nicht zu	Wird nicht erwähnt

2. Ergänze in den ersten beiden Spalten zwei eigene Adjektive.

3. Wähle fünf Adjektive aus der linken Spalte und begründe deine Zuordnung anhand je eines Textbeispiels aus der Lektüre. Schreibe in dein Heft.

4. Hättest du Cassius gern als Freund? Begründe deine Antwort.

5. Mit welchen Adjektiven würdest du dich selbst beschreiben?

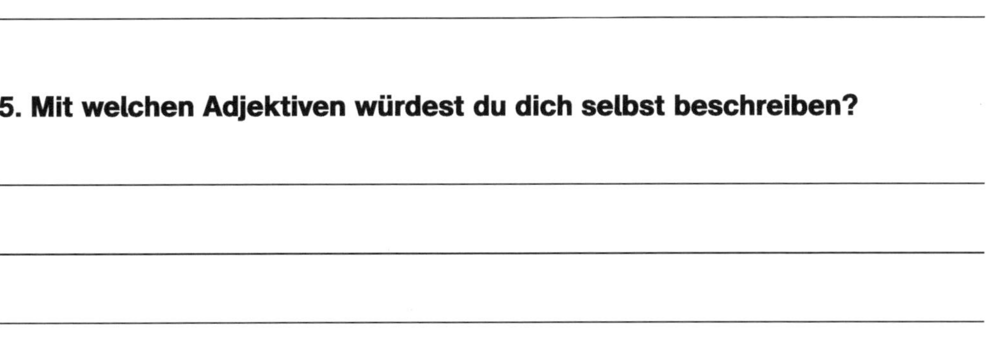

Ein schwarzer Junge in den USA

Cassius darf aufgrund seiner Hautfarbe vieles nicht machen und wird ausgegrenzt.

1. Lies den Text und unterstreiche wichtige Begriffe.

Was ist Rassismus?

Die Menschenwürde ist in unserem Grundgesetz festgelegt. Sie besagt, dass jeder Mensch wertvoll ist, allein weil er ein Mensch ist. Auch in den USA und in vielen anderen Ländern stehen Gleichheitsrechte in der Verfassung. Alle sollten gleichbehandelt werden und dieselben Rechte haben. Leider war und ist das in der Realität nicht immer der Fall.

Wie wissenschaftlich bewiesen ist, haben wir alle einen gemeinsamen Ursprung. Dennoch war lange Zeit die Meinung verbreitet, dass es verschiedene Rassen von unterschiedlichem Wert gibt. Diese Vorstellung bezeichnet man als „Rassismus". Rassismus bedeutet, dass jemand aufgrund seiner Hautfarbe, Herkunft, Kultur oder Religion schlechter behandelt, abgelehnt oder ausgegrenzt wird. Diese Ungleichbehandlung und Benachteiligung nennt man auch Diskriminierung.

2. Schildere eine Situation aus Cassius' Alltag, in der er Rassismus erlebt.

____

____

____

____

____

____

3. In Cassius' Kindheit herrscht in weiten Teilen der USA Rassentrennung. Im 1. Kapitel werden sechs Beispiele dafür genannt. Schreibe die Orte auf.

____

4. An einem Ort in Cassius' Umgebung gibt es keine Rassentrennung. Welcher Ort ist gemeint? Beantworte die Frage in einem ganzen Satz.

____

____

____

Die Geschichte des Rassismus

Der Rassismus in den USA hat seine Wurzeln in der Sklaverei.

Lies den Text und ergänze die Lücken mit den passenden Nomen.

Abschaffung | Nordamerika | Plantagen | Eigentum | Verfassung | Lohn | Gleichheit | Baumwolle | Rechte | Westafrika | Ausgrenzung | Bürgerkrieg | Rassentrennung | Sklaverei | Arbeitskräfte

Seit dem 16. Jahrhundert bauten die europäischen Siedler in den USA Tabak, Zuckerrohr und später auch ______________________ an. Für die Bewirtschaftung der riesigen Felder brauchten sie viele billige ______________________. Und die holten sie sich überwiegend aus ______________________. Dort wurden Menschen gefangen genommen oder von Sklavenhändlern gekauft und auf Handelsschiffen nach ______________________ verfrachtet. Auf den Plantagen mussten die Sklaven hart arbeiten. Sie bekamen keinen ______________, hatten keine ______________________ und waren das ______________________ der weißen Besitzer – mussten also tun, was diese ihnen befahlen. Man nennt diesen Zustand ______________________.

Bis Mitte des 19. Jahrhunderts wurde die Sklaverei in den meisten US-amerikanischen Bundesstaaten im Norden abgeschafft. Die Nordstaaten verlangten auch von den Bundesstaaten im Süden die ______________________ der unmenschlichen Sklaverei. Doch die Südstaaten wollten ihre kostenlosen Arbeiter auf ihren riesigen ______________________ behalten. So kam es 1861 zum ______________________ zwischen den Nord- und Südstaaten. Die Südstaaten verloren den Bürgerkrieg und die Sklaverei wurde 1865 mit der Änderung der ______________________ verboten.

Aber eine ______________________ von Schwarzen und Weißen gab es dadurch noch lange nicht. Die meisten Weißen hielten sich für überlegen und klüger und sorgten weiterhin für eine ______________________ der schwarzen Bevölkerung. Schwarze wurden nach wie vor nicht gleichbehandelt und in vielen Südstaaten herrschte ______________________.

Der Fall George Floyd

Obwohl die Rassentrennung in den USA 1964 aufgehoben wurde, gibt es noch immer Gewalt gegen dunkelhäutige Amerikaner. Das zeigt auch der Fall George Floyd.

Was ist mit George Floyd passiert? Bearbeite einen der Textabschnitte in fünf Schritten.

1. Lies den Abschnitt und mache dir klar, worum es geht.
2. Schreibe eine passende Überschrift darüber.
3. Markiere das Wichtigste mit einem Textmarker.
4. Schreibe die zentralen Informationen in Stichworten ins Heft.
5. Formuliere Fragen zum Text und beantworte sie.

„Der Afroamerikaner George Floyd kaufte sich (am 25. Mai 2020) in einem Laden Zigaretten. Ein Mitarbeiter war der Meinung, er habe mit falschem Geld bezahlt, und alarmierte die Polizei. Diese nahm George Floyd fest. Damit er nicht weglaufen konnte, kniete einer der Polizisten, ein Weißer, acht Minuten lang auf seinem Hals. Obwohl Floyd klagte, dass er keine Luft mehr zum Atmen bekäme, hörte der Polizist nicht auf. George Floyd verlor das Bewusstsein und starb kurz danach auf der Fahrt ins Krankenhaus.

Ein siebzehnjähriges Mädchen filmte dies mit dem Smartphone und teilte das Video auf Facebook. Am folgenden Tag kam es überall in den USA zu Unruhen."

Quelle: *https://klexikon.zum.de/wiki/Black_Lives_Matter*

Viele Menschen in den USA und weltweit waren von der Tötung George Floyds erschüttert. Sie protestierten öffentlich – zum Teil handgreiflich – gegen Polizeigewalt und Rassismus und schlossen sich der politischen Bewegung *Black Lives Matter* an. *Black Lives Matter* ist Englisch und bedeutet „Schwarze Leben zählen". Das heißt, dass das Leben einer schwarzen Person genauso viel wert ist wie das einer weißen Person. Die Bewegung, die es in den USA schon seit 2013 gibt, setzt sich gegen Rassismus und Gewalt gegen Schwarze ein. Unter dem Motto „Black Lives Matter" demonstrieren und protestieren auch zahlreiche Menschen in Deutschland.

Während die Verbrecher im Fall Emmett Till freigesprochen wurden, hat das Gericht den Mörder von George Floyd für schuldig befunden. Die besondere Bedeutung des Urteils wird so erklärt: „Viele Menschen hatten befürchtet, dass der Mann, der George Floyd getötet hat, nicht oder nicht hart genug bestraft wird. Denn in vielen ähnlichen Fällen waren Polizisten nur sehr mild oder gar nicht bestraft worden. Dieses Mal ist das anders. 22,5 Jahre muss der ehemalige Polizist nun ins Gefängnis. Das ist die längste Gefängnisstrafe, die je ein Polizist in dem US-Bundesstaat (Minnesota) bekommen hat. Deshalb feiern viele Menschen das Urteil. Sie hoffen, dass es eine Signalwirkung hat – dass also in Zukunft weniger Schwarze von weißen Polizisten schlecht behandelt werden und dass sie bestraft werden, wenn sie es tun."

Quelle: *https://www.zdf.de/kinder/logo/polizeigewalt-rassismus-usa-100.html*

Ist das gerecht?

1. Die Lehrer und der Rektor diskutieren über Cassius' Abschlusszeugnis. Lies ihre Argumente.

Er kann noch immer nicht richtig lesen und schreiben. Und literarische Werke versteht er erst recht nicht. Er kann doch kein Abschlusszeugnis bekommen!
(Englischlehrerin)

In Mathematik ist es nicht besser. Er hat nur Boxen im Kopf, dem Unterricht folgt er nicht und manchmal schläft er sogar. So ein Schüler hat kein Zeugnis verdient.
(Mathelehrer)

Er mag kein guter Schüler gewesen sein, das gebe ich zu. Aber ich habe noch nie einen jungen Menschen erlebt, der so diszipliniert und konsequent sein Ziel verfolgt. Er hat sein ganzes Leben darauf ausgerichtet, Weltmeister im Boxen zu werden. Ich bin stolz, diesen Jungen unterrichtet zu haben. Deshalb soll er sein Abschlusszeugnis bekommen.
(Schulleiter)

Ein Abschlusszeugnis für Cassius wäre eine falsche Botschaft an alle jungen Sportler. Die glauben dann, in der Schule müsse man sich nicht anstrengen, wenn man in irgendeiner Sportart besonders gut ist.
(ein anderer Lehrer)

Cassius liebt die Show, aber nicht das Lernen. Würde er sich beim Lernen so viel Mühe geben wie bei seinem Wettrennen gegen den Schulbus, dann hätte er gute Noten. Doch er denkt, dass ihm Noten nichts bringen. Nur für den Weltmeistertitel im Boxen will er sich anstrengen. Schule ist ihm nichts wert, also braucht er auch kein Abschlusszeugnis.
(ein weiterer Lehrer)

2. Welchen Meinungen stimmst du zu? Rahme die Sprechblasen ein. Begründe deine Entscheidung.

3. Findest du es gerecht, dass Cassius ein Abschlusszeugnis erhält? Warum (nicht)?

Literarischer Boxkampf

✂

Wie heißt die Talentshow, bei der Cassius seinen ersten offiziellen Boxkampf bestritt? *Champions von morgen.*	Wofür hatte der amerikanische Politiker gekämpft, der auch Cassius hieß? *Die Abschaffung der Sklaverei.*	Was war Cassius' Vater von Beruf? *Maler von Schildern und Werbetafeln.*
Wer setzte sich dafür ein, dass Cassius ein Abschlusszeugnis erhielt? *Der Schulrektor.*	Was war am Vergnügungspark von Louisville ungerecht? *Schwarze durften nicht hinein.*	Was taten Cassius und sein Freund, während das Fahrrad gestohlen wurde? *Sie aßen Popcorn, Würstchen und Süßigkeiten.*
Welchen Beruf hatte der Boxtrainer Joe Martin? *Polizist.*	Was gefiel Cassius im Boxkeller bei Joe Martin? *Schwarze und weiße Jungen trainierten gemeinsam.*	Wie nannte Cassius seine Mutter und was bedeutet dieser Name? *Bird, das bedeutet Vogel.*
Warum erlaubte Cassius' Vater das Boxtraining? Nenne zwei Gründe. *Kostenloses Training.* *Keine Zeit für Unfug.*	Was gefiel dem Trainer Joe Martin an Cassius? *Wie er mitmachte und sich reinhängte.*	Was rief Cassius nach seinem Sieg bei *Champions von morgen*? *„Ich werde Weltmeister!"*
Nenne zwei Merkmale von Cassius' Boxstil. *Tänzelnde Beine.* *Hängende Fäuste.*	Warum ging Cassius nicht wieder zum Training von Fred Stoner? *Joe Martin verbot es ihm.*	Was war Cassius' große Motivation zu boxen? *Er wollte es als Schwarzer zu etwas bringen.*
Wie besiegte Cassius den gefürchteten Corky Baker? *Indem er Corkys Schlägen flink und geschickt auswich.*	Wie sah Cassius' Sportlerfrühstück aus? *Zwei rohe Eier in einem Liter Milch.*	Gegen welchen außergewöhnlichen Gegner lief Cassius Wettrennen? *Gegen den Schulbus.*
Warum ging Cassius gern in die Schule? *Er sehnte sich nach Aufmerksamkeit und Publikum.*	Wo und in welchem Jahr wurde Cassius geboren? *Louisville (USA), 1942.*	Warum musste Odessa Clay mehrmals die Polizei rufen? *Ihr Mann war betrunken und wurde gewalttätig.*
Wie alt war Cassius, als er mit dem Boxtraining begann? *Zwölf Jahre.*	Welche Beurteilung stand in Cassius' Abschlusszeugnis? *Teilgenommen.*	Rudy war ein talentierter Boxer. Warum hatte Cassius trotzdem mehr Erfolg? *Cassius trainierte fleißiger.*

6. bis 8. Kapitel: Vom Amateur zum Profisportler

Inhalt

(6) Zwei Seiten des Großmauls
Cassius nimmt als inzwischen erfolgreicher Amateurboxer 1960 an den Olympischen Spielen in Rom teil. Ziel ist es, dort die Goldmedaille zu gewinnen, um dann ins Profiboxgeschäft einzusteigen. Zunächst fällt der Amerikaner im olympischen Dorf aufgrund seiner lockeren Art und seines großen Mundwerks auf. Mit Willenskraft und Kampfgeist erringt er im Finale im Halbschwergewicht gegen einen der besten und erfolgreichsten Amateurboxer der Welt die Goldmedaille. Doch viele Experten bemängeln Cassius' Boxstil und zweifeln an seinem langfristigen Erfolg.

(7) Ein großer Empfang und ein Rauswurf
Zurück in den USA wird Cassius' Sieg bei den Olympischen Spielen vor allem in seiner Heimatstadt Louisville gefeiert. Man nennt ihn Botschafter für Amerika und Vorbild für die Jugend. Cassius ist überwältigt von dem Empfang und so stolz, dass er seine Goldmedaille gar nicht mehr abnimmt. Die Ernüchterung folgt, als er einige Tage später daran gehindert wird, in einem Restaurant für Weiße zu essen.

Cassius strebt jetzt eine Profikarriere an. Ein reicher Unternehmer möchte ihn finanziell unterstützen, der Vertrag platzt allerdings. Doch es finden sich andere Geldgeber, die an Cassius' Erfolg glauben und einen Vertrag für sechs Jahre mit ihm abschließen.

(8) Der richtige Trainer
Cassius startet seine Profikarriere als Boxer. Nun braucht er einen Trainer, der sich im Profigeschäft auskennt. Die Wahl fällt auf Archie Moore, aber die Zusammenarbeit funktioniert nicht. Cassius fühlt sich von Moore bevormundet. Der nächste Trainer, Angelo Dundee, erreicht durch „umgekehrte Psychologie", dass sich Cassius technisch weiterentwickelt und trotzdem seinem eigenen Stil treu bleibt. Die Sportjournalisten begreifen allmählich, dass Cassius ein ernst zu nehmender Boxer ist.

Unterrichtsschwerpunkte

- Start in die Profikarriere
- Cassius und seine Trainer
- Spracharbeit: Wortschatzerweiterung und Zeitformen der Verben

Zu den Kopiervorlagen

KV Seite 21

Das Cassius-Clay-Rätsel
Anhand des Rätsels finden die Kinder heraus, ob sie das 6. bis 8. Kapitel genau gelesen haben. Bei der Bearbeitung wiederholen und festigen sie den Inhalt der Lektüre. Die Fragen erfolgen in chronologischer Reihenfolge, sodass ein Nachschlagen leichter möglich ist. Differenzieren können Sie, indem Sie für schwächere Schüler einzelne Buchstaben vorgeben.

Lösung

1.	O	H	N	**M**	A	C	H	T									
2.	**R**	O	M														
3.	**F**	**A**	L	L	S	C	H	I	R	M							
4.	G	**R**	O	S	S	M	A	U	L								
5.	H	A	L	B	S	C	H	W	**E**	R	G	E	W	I	C	H	T
6.	P	**O**	L	E	N												
7.	G	O	L	D	**M**	E	D	A	**I**	L	L	E					
8.	C	H	A	M	**P**	I	O	N									
9.	**V**	E	R	T	R	A	G										
10.	**Z**	U	S	A	M	**M**	E	N	A	R	B	E	I	T			
11.	H	**O**	T	E	L												
12.	A	**U**	F	W	Ä	R	T	S	H	A	K	E	N				
13.	S	P	O	R	T	J	O	**U**	R	N	A	L	I	S	T		
14.	S	P	**A**	R	R	I	N	G	S	P	A	R	**T**	N	E	R	

Lösung: VOM AMATEUR ZUM PROFI

KV Seite 22

Aus eins mach viele
Fünf Begriffe, die aus Cassius' Boxwelt stammen, bieten den Schülern die Gelegenheit für einen kreativen und spielerischen Umgang mit Sprache. Die Aufgabe ist es, aus einem Wort möglichst viele neue Begriffe zu bilden. Dabei dürfen die Buchstaben des ursprünglichen Wortes in beliebiger Reihenfolge verwendet werden, jedoch nicht mehrfach.

Die Kopiervorlage lässt sich auch für ein Spiel nutzen. Teilen Sie dazu die Klasse in Dreier- oder Vierergruppen ein. Die Gruppen treten nun gegeneinander an und versuchen, möglichst viele neue Begriffe zu finden. Um den Wettbewerbscharakter zu erhöhen, können Sie pro Ausgangswort eine bestimmte Zeitspanne vorgeben. Tipp: Indem man das Blatt vorher an den entsprechenden Stellen faltet, wird immer nur ein Begriff sichtbar. Die Gruppe, die am Schluss die meisten Wörter richtig aufgeschrieben hat, gewinnt. Für Begriffe, die etwas mit dem Buch zu tun haben, gibt es Extrapunkte.

Zur Steigerung der Schwierigkeit legen die Kinder vor dem Spiel eine Tabelle mit den Wortarten „Nomen",

„Verben", „Adjektive" und „Sonstige" an. Die gefundenen Begriffe werden in die passenden Spalten eingetragen.

Lösung
Weltmeister: Welt, Meister, Eimer, Eis, im, Leiste, Meile, Meise, Reim, steil, Teil, Tier, weit, Wette, Wetter …
Aufwärtshaken: aufwärts, Haken, auf, fast, Funke, Haft, Haufen, Haut, Hufe, Kauf, kaufen, Ruf, rufen, stark, Strafe, Strunk, Taufe …
Sparringspartner: Sparring, Partner, Partnerin, an, arg, in, Panne, Paris, Raps, Rasse, Ring, ringen, singen, Spanner, sparen, Spinne, Tier …
Amateurboxer: Amateur, Boxer, Box, am, Atem, Bote, Braut, Brot, er, euer, Mut, ob, Ober, Ort, Reue, Rom, rot, teuer, Treue, Tube, um …
Olympiasieger: Olympia, Olymp, Sieger, Sieg, Eis, er, es, Geier, Greis, Gries, Igel, leise, Los, los, Opa, Plage, rege, Riege, Sage, sie …

KV Seite 23

Muhammad Alis Boxkarriere

Dieses lektürebegleitende Arbeitsblatt bietet den Schülern die Möglichkeit, wichtige Stationen von Alis Boxkarriere festzuhalten. Inhaltlich umfasst das Blatt die Ereignisse ab dem 8. Kapitel, als Cassius' Profilaufbahn beginnt, bis zum 17. Kapitel, als sie endet. Die Aufgabe ist es, im Laufe der Lektüre die Stationen in der richtigen Reihenfolge zu nummerieren, das Datum und Alis Alter zu ergänzen sowie die Siege bzw. Niederlagen farbig zu markieren.

Am Ende der Lektüre kann das Blatt nochmals zum Einsatz kommen. Die Kinder stellen die Höhen und Tiefen von Alis Boxkarriere anhand einer Kurve auf einem Zeitstrahl dar. Mit den ausgeschnittenen Zeilen der Tabelle beschriften sie das Diagramm.

Lösung
Aufgaben 1 bis 3:
Siege (grün): hellgrau
Niederlagen (rot): dunkelgrau

11	Erhalt der Boxlizenz nach Sperre	11.09.1970	28 Jahre
14	„Rumble in the Jungle" gegen Weltmeister George Foreman (2. Weltmeistertitel)	30.10.1974	32 Jahre
7	Kampf gegen Henry Cooper	18.06.1963	21 Jahre
12	„Kampf des Jahrhunderts" gegen Weltmeister Joe Frazier	08.03.1971	29 Jahre
16	Kampf gegen Leon Spinks	15.02.1978	36 Jahre
5	Erster Profikampf gegen Tunney Hunsaker	29.10.1960	18 Jahre
9	Rückkampf gegen Sonny Liston	25.05.1965	23 Jahre
18	„Drama in Bahama" gegen Trevor Berbick	11.12.1981	39 Jahre
10	Aberkennung des Weltmeistertitels, Entzug der Boxlizenz	28.04.1967	25 Jahre
13	Rückkampf gegen Joe Frazier	28.01.1974	32 Jahre
17	Rückkampf gegen Leon Spinks (3. Weltmeistertitel)	15.09.1978	36 Jahre
8	Kampf gegen Weltmeister Sonny Liston (1. Weltmeistertitel)	25.02.1964	22 Jahre
15	„Thrilla in Manila" gegen Joe Frazier	01.10.1975	33 Jahre
6	Sparringskampf gegen Ex-Schwergewichtsweltmeister Ingemar Johansson	März 1961	19 Jahre
19	Karriereende	11.12.1981	39 Jahre

KV Seite 24

Trainerqualitäten

Das Verhältnis zwischen Cassius und seinen Trainern zu Beginn seiner Profikarriere wird mit dieser Kopiervorlage unter die Lupe genommen. Zunächst stellen die Schüler das Trainerprofil der beiden Coaches gegenüber. Dabei zeigt sich, dass Archie Moore mehr Erfahrung hat als Angelo Dundee. So mag er den Kindern in der zweiten Aufgabe als der erfolgversprechendere Trainer erscheinen.

Im nächsten Schritt untersuchen die Schüler, wie die jeweilige Zusammenarbeit mit Cassius aussieht. Die Kooperation mit Archie Moore wird nach kurzer Zeit abgebrochen, weil dieser es nicht versteht, mit der Charakterstärke und Willenskraft des jungen Boxers umzugehen. Angelo Dundee hingegen gelingt es unter Einsatz „umgekehrter Psychologie", Cassius zu lenken und an seinen Schwächen zu feilen.

Abschließend erkennen die Kinder, dass für eine erfolgreiche Zusammenarbeit vor allem die Chemie (zwischen Trainer und Schützling) stimmen muss. Fragen Sie die Schüler in einem Klassengespräch nach vergleichbaren Erfahrungen aus ihrer Lebenswelt.

Lösung
Aufgabe 1:

Archie Moore	Angelo Dundee
44 Jahre alt, erfahrener Trainer, Weltmeister im Halbschwergewicht, leitet Trainingscamp bei San Diego	betreibt mit seinem Bruder eine Boxschule in Miami

Aufgabe 2:
individuelle Lösung

Aufgabe 3:

Archie Moore	Angelo Dundee
will Cassius übers Boxen hinaus Disziplin durch Hausarbeit beibringen, woran der kein Interesse hat; Cassius stört, dass Moore seinen Boxstil ändern möchte	kritisiert Cassius nicht, sondern lobt ihn; gibt ihm durch „umgekehrte Psychologie" das Gefühl, selbst auf neue Ideen und Techniken gekommen zu sein

Aufgabe 4:

Archie Moore	Angelo Dundee
Die Zusammenarbeit funktioniert nicht lange und wird abgebrochen.	Die Zusammenarbeit klappt gut und Cassius entwickelt sich boxtechnisch weiter.

Aufgabe 5:
z.B. Es kommt nicht darauf an, wie viel Erfahrung ein Trainer mitbringt. Vielmehr ist entscheidend, dass die Chemie zwischen den beiden stimmt. Der Trainer sollte wissen, wie er mit dem Charakter des Schülers umgehen muss, um ihn zu fördern.

KV Seite 25

Verbtraining
Dieses Arbeitsblatt dient der grammatikalischen Sprachbetrachtung. Die Schüler filtern aus einem Textabschnitt der Lektüre zunächst die Verben heraus und bestimmen im zweiten Schritt deren Zeitform, indem sie die Wörter in die richtige Spalte der Tabelle eintragen. Abschließend notieren sie zu jedem Verb den Infinitiv.

Lösung
Aufgabe 1:
Im Training machte Dundee das äußerst gewitzt. „Deine Aufwärtshaken gefallen mir heute besonders", lobte er Cassius zum Beispiel.
„Hä?", fragte der verwundert, weil er sich gar nicht bewusst war, dass er Aufwärtshaken geschlagen hatte.
„Ja, wie du dein linkes Knie vorgedrückt und dann mit deiner Schlaghand blitzschnell von unten das Kinn getroffen hast, war toll! Mit diesem Schlag wirst du noch manchen Gegner auf die Bretter schicken."
Cassius freute sich über das Lob – und trainierte von da an diesen Schlag.
Der Trainer lächelte zufrieden. Natürlich hatte es überhaupt keinen Aufwärtshaken gegeben. Aber er wollte unbedingt, dass Cassius einen solchen Schlag übte.

Präsens	Präteritum	Perfekt	Plusquamperfekt	Futur
gefallen	machte, lobte, fragte, war (2×), freute, trainierte, lächelte, wollte, übte	hast vorgedrückt, hast getroffen	hatte geschlagen, hatte gegeben	wirst schicken

Aufgabe 2:
fragte – fragen, war – sein, freute – freuen, trainierte – trainieren, lächelte – lächeln, wollte – wollen, übte – üben, hast vorgedrückt – vordrücken, hast getroffen – treffen, hatte geschlagen – schlagen, hatte gegeben – geben, wirst schicken – schicken

Gesprächs- und Schreibanlässe

Amateur- und Profisport
Was ist der Unterschied zwischen einem Amateur- und einem Profisportler? Was sind die Vor- bzw. Nachteile im Amateursport? Warum wird nicht jeder Amateursportler

zum Profisportler? Welche Amateur- bzw. Profisportler kennt ihr? Welche Rolle spielen Sponsoren im Profisport? Teilt euer Wissen in einem Klassengespräch.

Botschafter und Vorbild
Cassius wird nach seinem Olympiasieg vom Schulrektor als „großartiger Botschafter" und vom Bürgermeister als „Vorbild für junge Menschen" bezeichnet. Inwiefern trifft das eurer Meinung nach zu? Tauscht euch in der Klasse darüber aus.

„Lieber Cassius Clay ..."
Stell dir vor, du hast den Boxkampf um die Goldmedaille im Fernsehen gesehen und bist total beeindruckt von dem jungen Boxer Cassius Clay. Schreibe ihm einen Brief und äußere darin deine Bewunderung. Sicher hast du auch ein paar Fragen an Cassius.

Schlagzeilen zum Olympiasieg
Was schrieben wohl die großen Zeitungen über Cassius Clays Olympiasieg? Formuliere einige Schlagzeilen.

Kreativ aktiv

Eine sportliche Deutschstunde
Im Rahmen der Unterrichtssequenz können Sie eine sportliche Deutschstunde mit dem klassischen Aufbau einer Erzählung gestalten:
Einleitung: Um Körper und Geist in Schwung zu bringen, beginnt man mit einer kurzen Aufwärmphase, z. B. Kniebeugen, auf der Stelle hüpfen, Schattenboxen.
Hauptteil: Unten findet sich eine Auswahl an Ideen, die sich gut umsetzen lassen.
Schluss: Enden kann man mit einer kurzen Dehnungsübung, z. B. mit den Fingern die Fußspitzen berühren oder die Finger beider Hände auf dem Rücken zusammenführen (eine Hand kommt von oben, eine von unten).

1. Wie viele Sportarten kennt ihr?
Gruppenarbeit mit drei bis vier Schülern pro Gruppe
Material: je Gruppe ein DIN-A3-Blatt, ein Stift, Wörterbücher
Aufgabe ist es, in einer bestimmten Zeitspanne (fünf bis sieben Minuten) möglichst viele Sportarten aufzulisten.
Wertung: Es zählen nur die richtig geschriebenen Sportarten. Um den Schwierigkeitsgrad der Aufgabe zu steigern, kann man auch bloß Sportarten werten, die von keiner bzw. maximal von einer anderen Gruppe gefunden wurden.

2. Pantomimespiel
Zwei Gruppen werden gebildet. Ein Schüler stellt pantomimisch eine Sportart dar, die seine Gruppenmitglieder erraten müssen. Dann ist die andere Hälfte an der Reihe.

3. Das Sport-Abc
Gruppenarbeit mit drei bis vier Schülern pro Gruppe
Material: je Gruppe ein Blatt mit untereinandergeschriebenem Alphabet, ein Stift, Wörterbücher
Aufgabe ist es, in einer bestimmten Zeitspanne zu jedem Buchstaben des Alphabets ein Verb zu finden, das eine sportliche Tätigkeit beschreibt oder etwas mit Sport zu tun hat. Die Gruppe, die die meisten Verben notiert, gewinnt. Hier fließt wieder die richtige Schreibung der Wörter in die Wertung ein.
Mögliche Lösung: anfeuern, boxen, coachen, dribbeln, einlaufen, fechten, gleiten, heben, inlinern, joggen, klettern, langlaufen, messen, nachrücken, organisieren, paddeln, (sich) quälen, reiten, schwimmen, turnen, unterliegen, verlieren, werfen, zielen

4. Battle
Zwei Schüler stehen sich gegenüber. Ein Kind beginnt und nennt einen Sportgegenstand. Nun muss sein Gegenüber einen weiteren Gegenstand angeben. Dann ist wieder der erste Schüler an der Reihe usw. Gewonnen hat derjenige, der die meisten Gegenstände aufzählen kann.

Cassius Clay versus Zbigniew Pietrzykowski
Schauen Sie mit der Klasse eine Zusammenfassung des Boxkampfs um die Goldmedaille auf Youtube an: *https://www.youtube.com/watch?v=O8eqAve3sZw* (Dauer: knapp 11 Minuten).

Das Cassius-Clay-Rätsel

Trage die passenden Antworten in Großbuchstaben ein und schreibe die Lösung auf.

1. Was passierte bei Cassius' erstem Kuss? Er fiel in …
2. Wo fanden 1960 die Olympischen Spiele statt? In …
3. Was schnallte sich Cassius im Flugzeug auf den Rücken?
4. Als was wurde Cassius in den Zeitungen bezeichnet, weil er so eine große Klappe hatte? (ß= SS)
5. Wie heißt die Gewichtsklasse im Boxen, in der Cassius antrat?
6. Aus welchem Land kam Cassius' Gegner im Finale der Olympischen Spiele?
7. Was gewann Cassius bei den Olympischen Spielen?
8. Als was wird ein Meister in einer Sportart auf Englisch bezeichnet?
9. Was schließt ein Profisportler mit seinen Sponsoren ab?
10. Was funktionierte nicht bei Cassius und dem Trainer Archie Moore?
11. Wo wohnte Cassius in Miami? In einem …
12. Welchen Schlag sollte Cassius laut seinem Trainer Angelo Dundee üben?
13. Wie nennt man jemanden, der von sportlichen Wettkämpfen berichtet?
14. Wie heißt der Gegner, gegen den man bei einem Vorbereitungskampf boxt?

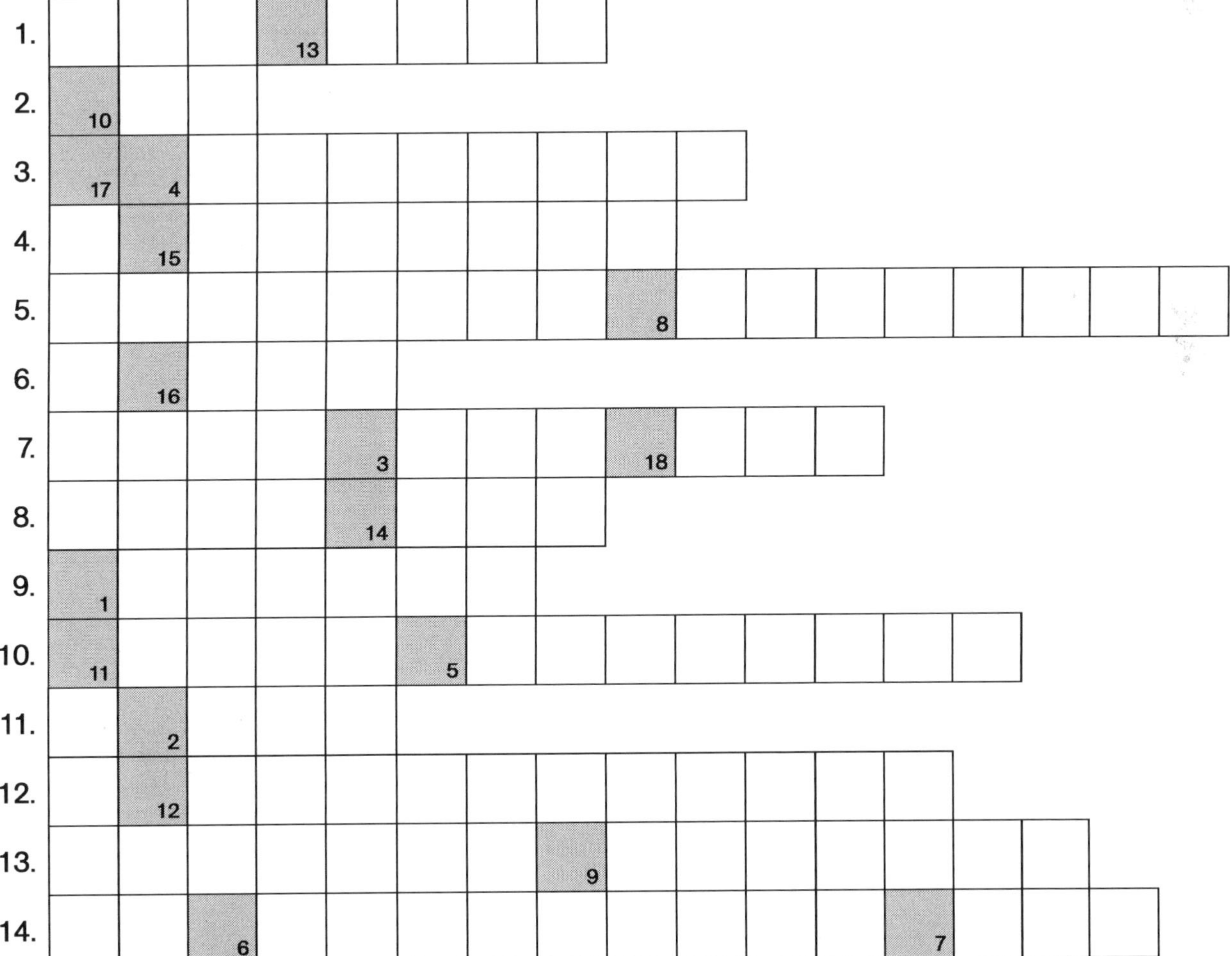

Lösung:

1	2	3		4	5	6	7	8	9	10		11	12	13		14	15	16	17	18

Aus eins mach viele

All diese Begriffe stammen aus Cassius' Boxwelt. Bilde mit ihren Buchstaben so viele neue Wörter wie möglich. Die Reihenfolge der Buchstaben ist beliebig.

RINGRICHTER

Ring, Ringer, Richter, richten, Recht, reich, Teich, Tier, Gier, nicht, irren, ich, ihr, in, Ei, ein, er, rein

WELTMEISTER

AUFWÄRTSHAKEN

SPARRINGS-PARTNER

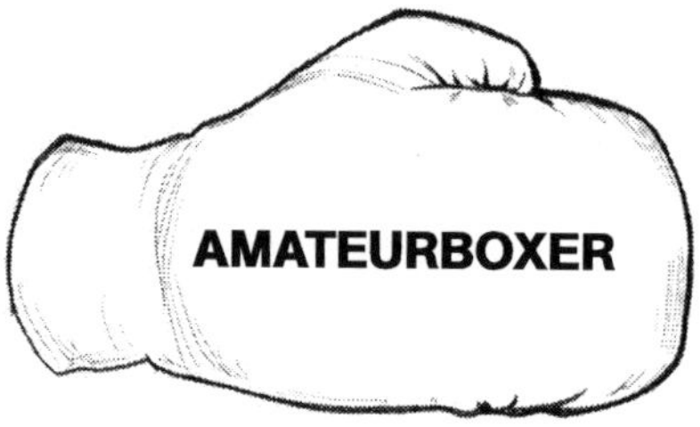

AMATEURBOXER

OLYMPIASIEGER

Muhammad Alis Boxkarriere

Am Anfang dieser Übersicht stimmt noch alles, doch danach ist einiges durcheinandergeraten ...

1. Nummeriere die Ereignisse in der richtigen Reihenfolge.

2. Ergänze jeweils das Datum und Alis Alter.

3. Markiere die Siege mit Grün und die Niederlagen mit Rot.

		Wann?	Wie alt ist Ali?
1	Auftritt in der Sendung *Champions von morgen*	12.11.1954	12 Jahre
2	Berufswunsch Boxer	–	14 Jahre
3	Amateurboxer (108 Kämpfe, davon 100 gewonnen)	–	18 Jahre
4	Goldmedaille im Halbschwergewicht bei den Olympischen Spielen in Rom	05.09.1960	18 Jahre
	Erhalt der Boxlizenz nach Sperre		
	„Rumble in the Jungle“ gegen Weltmeister George Foreman (2. Weltmeistertitel)		
	Kampf gegen Henry Cooper	18.06.1963	
	„Kampf des Jahrhunderts“ gegen Weltmeister Joe Frazier		
	Kampf gegen Leon Spinks		
	Erster Profikampf gegen Tunney Hunsaker		
	Rückkampf gegen Sonny Liston		
	„Drama in Bahama“ gegen Trevor Berbick		
	Aberkennung des Weltmeistertitels, Entzug der Boxlizenz		
	Rückkampf gegen Joe Frazier		
	Rückkampf gegen Leon Spinks (3. Weltmeistertitel)		
	Kampf gegen Weltmeister Sonny Liston (1. Weltmeistertitel)		
	„Thrilla in Manila“ gegen Joe Frazier		
	Sparringskampf gegen Ex-Schwergewichtsweltmeister Ingemar Johansson		
	Karriereende		

Trainerqualitäten

1. Wer sind die beiden Trainer, die Cassius zu Beginn seiner Profikarriere begleiten? Ergänze Informationen aus der Lektüre.

Archie Moore	Angelo Dundee

2. Welchen der beiden Trainer würdest du bevorzugen? Sprich mit einem Partner und begründe deine Meinung.

3. Wie sieht die Zusammenarbeit der Trainer mit Cassius aus? Schreibe in die Tabelle.

Archie Moore	Angelo Dundee

4. Was ist das Ergebnis der jeweiligen Zusammenarbeit? Trage ein.

Archie Moore	Angelo Dundee

5. Was ist entscheidend für eine gute Zusammenarbeit zwischen Trainer und Schüler? Schreibe in dein Heft.

Verbtraining

1. Unterstreiche alle Verben im Text und trage sie anschließend passend in die Tabelle ein.

Im Training machte Dundee das äußerst gewitzt. „Deine Aufwärtshaken gefallen mir heute besonders“, lobte er Cassius zum Beispiel.

„Hä?“, fragte der verwundert, weil er sich gar nicht bewusst war, dass er Aufwärtshaken geschlagen hatte.

„Ja, wie du dein linkes Knie vorgedrückt und dann mit deiner Schlaghand blitzschnell von unten das Kinn getroffen hast, war toll! Mit diesem Schlag wirst du noch manchen Gegner auf die Bretter schicken.“

Cassius freute sich über das Lob – und trainierte von da an diesen Schlag.

Der Trainer lächelte zufrieden. Natürlich hatte es überhaupt keinen Aufwärtshaken gegeben. Aber er wollte unbedingt, dass Cassius einen solchen Schlag übte. (Seite 50 / 51)

Präsens	Präteritum	Perfekt	Plusquamperfekt	Futur

2. Finde zu jedem Verb aus der Tabelle die Grundform (Infinitiv). Schreibe sie auf.

machte – machen, gefallen – gefallen, lobte – loben …

9. bis 13. Kapitel: Aus Cassius Clay wird Muhammad Ali

Inhalt

(9) Das Geheimnis
Cassius beschäftigt sich mit der religiös-politischen Organisation *Nation of Islam* (auch bekannt als *Black Muslims*) und geht immer wieder zu deren Versammlungen. Durch ihren Einfluss fängt er an, sich mit der Vergangenheit der Schwarzen in Amerika auseinanderzusetzen. Die Lehre, als Schwarzer Selbstachtung zu zeigen und sich von der weißen Herrschaft zu befreien, spricht ihn aufgrund seiner bisherigen Lebenserfahrungen an.

(10) Am Ziel
Cassius ist weiter auf Erfolgskurs. So hat die Boxlegende Archie Moore im November 1962 keine Chance gegen ihn. Vor dem Kampf mit Henry Cooper in London provoziert Cassius mit der Aussage, er sei der König (von England), und trägt schließlich den Sieg davon. Auch im Vorfeld eines der größten Kämpfe der Sportgeschichte gegen Sonny Liston demütigt Cassius den damaligen Weltmeister mit herablassenden Bemerkungen. Obwohl die Boxwelt davon ausgeht, dass Cassius zu unerfahren ist, um Liston zu besiegen, wird sie eines Besseren belehrt: Cassius gewinnt und erringt damit zum ersten Mal die Weltmeisterschaft.

(11) Aus Cassius Clay wird Muhammad Ali
Nach dem Kampf gegen Liston verteidigt Cassius auf einer Pressekonferenz sein großspuriges Verhalten als Teil des Boxgeschäfts. Außerdem bekennt er sich öffentlich zum Islam und zur *Nation of Islam*. Vom Anführer der Bewegung erhält er den Namen Muhammad Ali. Sowohl die Öffentlichkeit als auch seine Familie verurteilen diese Entwicklung, aber er selbst rechtfertigt sie mit den Worten: „Ich bin frei, derjenige zu sein, der ich sein will."

(12) Neue Wege
Muhammad Ali heiratet nach wenigen Wochen des Kennenlernens im August 1964 Sonji Roi. Die Ehe wird jedoch schon bald wieder geschieden, weil Sonji sich nicht dem Frauenbild der *Nation of Islam* beugen will.

Als Muhammad Ali wegen einer Operation den Rückkampf gegen Liston nicht antreten kann, wird dieser um ein halbes Jahr verschoben. Ali verteidigt seinen Titel in einem kurzen Kampf durch einen als „Phantom-Schlag" wahrgenommenen K.-o.-Sieg und bleibt Weltmeister.

Der Einfluss der *Nation of Islam* auf Muhammad Ali wird immer größer, sodass er den vorteilhaften Vertrag mit seiner Sponsorengruppe auflöst.

(13) Schwere Zeiten
Alis Untauglichkeitseinstufung für den Wehrdienst wird 1966 aufgrund des Vietnamkriegs aufgehoben. Muhammad Ali weigert sich jedoch aus religiösen Gründen, in die Armee einzutreten. Damit gilt er als Wehrdienstverweigerer, was damals in den USA eine Straftat darstellte. Auf dem bisherigen Höhepunkt seiner Karriere verliert er seinen Weltmeistertitel und seine Boxlizenz für dreieinhalb Jahre.

1967 heiratet Ali zum zweiten Mal – eine überzeugte Muslimin, mit der er vier Kinder bekommt. 1969 wird er aus der *Nation of Islam* ausgeschlossen, weil der Anführer den Eindruck hat, ihm sei Luxus wichtiger als Allah. Der Forderung, seinen alten Namen wieder anzunehmen, gibt Muhammad Ali nicht nach.

Unterrichtsschwerpunkte

- Alis Boxkarriere
- Verbalattacken
- Bekenntnis zur *Nation of Islam*
- Alis Kriegsdienstverweigerung und die Folgen

Zu den Kopiervorlagen

Cassius und die *Nation of Islam*
Die *Nation of Islam* hat einen großen Einfluss auf Cassius' Leben. Das Arbeitsblatt beinhaltet sieben Aussagen zur Lehre dieser Organisation, von denen einige richtig, andere falsch sind. Die Schüler prüfen anhand des 9. Kapitels den Wahrheitsgehalt der Sätze. So führen sie sich vor Augen, warum Cassius von der *Nation of Islam* derart beeindruckt ist, dass er sogar die Religion wechselt und einen anderen Namen annimmt.

Lösung
Aufgaben 1 und 2:
Lösungswort: PREDIGT

Aufgabe 3:
2. Die Organisation lehnt das Trinken, Rauchen und den Konsum von Drogen ab.
3. Die *Nation of Islam* setzt sich für alle Schwarzen ein.
6. Die *Nation of Islam* argumentiert damit, dass es kein Land gibt, das „Neger" heißt.

Das Großmaul aus Louisville
Hier beschäftigen sich die Schüler mit Cassius' Angebereien sowie den verbalen Attacken, mit

denen er vor Boxkämpfen seine Gegner provoziert und demütigt. Zunächst sollen sie Beispiele für Cassius' Sprüche und Beleidigungen aus dem 10. Kapitel herausfiltern. Dies können sowohl direkte als auch indirekt wiedergegebene Äußerungen sein, die dann in direkter Rede in die Sprechblasen eingetragen werden. Danach beschreiben die Kinder, welche Wirkung diese Äußerungen haben.

Dass Cassius' Verhalten Teil einer Strategie ist, um Aufmerksamkeit zu bekommen und den Gegner zu verunsichern, soll in der folgenden Aufgabe festgestellt werden. Die Schüler machen sich Gedanken, wie sie dieses Auftreten bewerten.

Abschließend bietet es sich an, in einem Klassengespräch Cassius' Benehmen zu reflektieren und auf die Lebenswelt der Kinder zu übertragen. Folgende Fragestellungen sind denkbar: Warum und in welchen Situationen beleidigen wir andere und erheben uns über sie? Weshalb können nicht nur körperliche Gewalttaten, sondern auch Worte verletzen? Macht man sich mit so einem Verhalten beliebt oder unbeliebt?

Lösung

Aufgabe 1:

z.B. „England hat eine Königin, aber es müsste einen König haben. Ich bin der König!"

„Du großer, hässlicher Bär!"

„Du bist ein Krimineller und hast erst im Gefängnis angefangen zu boxen."

„Du kannst ja nicht mal lesen und schreiben!"

Aufgabe 2:

individuelle Lösung

Aufgabe 3:

Cassius' lautes und angeberisches Verhalten gehört zu seiner Strategie, Aufmerksamkeit zu bekommen und den Gegner zu verunsichern.

Aufgabe 4:

individuelle Lösung

Die Lehren der *Nation of Islam*

Warum Cassius sich mit der *Nation of Islam* beschäftigt und was ihn an deren Lehre so anspricht, konnten die Kinder bereits mithilfe der Kopiervorlage „Cassius und die *Nation of Islam*" (S. 30) nachvollziehen. Dieses Arbeitsblatt lässt sich nach der Lektüre des 11. Kapitels einsetzen. Es bietet vor allem leistungsstärkeren Schülern die Möglichkeit, sich anhand eines Sachtextes vertiefend und kritisch mit der Organisation auseinanderzusetzen.

Lösung

Aufgabe 1:

Die *Nation of Islam* ist eine religiös-politische Organisation, die auch unter dem Namen *Black Muslims* bekannt ist. Sie wurde 1930 von einem selbst ernannten Prediger namens Wallace Fard Muhammad in Detroit (Michigan, USA) gegründet und richtete sich an die schwarze Bevölkerung. Vier Jahre nach der Gründung verschwand Wallace Fard Muhammad unter ungeklärten Umständen und Elijah Muhammad übernahm die Führung der Organisation bis zu seinem Tod 1975.

Ein Kernpunkt der Lehre ist der Glaube an Allah und an ein Urvolk, den Stamm Shabazz, von dem die Afroamerikaner und alle dunkelhäutigen Menschen abstammen sollen. Ein Wissenschaftler namens Yacub habe später auf einer Insel die weiße Rasse erschaffen, die das Böse und den Teufel repräsentiert. Den Weißen sei es gelungen, von der Insel zu fliehen und den Stamm Shabazz zu unterwerfen und zu versklaven.

Verbreitet wurden die Lehren des Führers Elijah Muhammad durch Versammlungen und die Zeitung *Muhammad Speaks*. Die Mitglieder der *Nation of Islam* predigten die Überlegenheit schwarzer Menschen, da sie direkte Nachfahren des Urvolks seien. Man wollte der schwarzen Bevölkerung mehr Selbstachtung und Selbstbewusstsein verleihen, indem man sie über ihre „wahre" Geschichte und Religion aufklärte. Die Weißen wurden als blauäugige Teufel bezeichnet, die die US-amerikanische Gesellschaft dominieren. Sie hätten den Schwarzen Sklavennamen gegeben, um ihnen ihre Identität zu nehmen.

Die *Nation of Islam* forderte die Erschaffung eines unabhängigen afroamerikanischen Staates innerhalb der USA. Denn in ihren Augen würde ein Schwarzer in den USA niemals dieselben Rechte bekommen wie ein Weißer.

Aufgabe 2:

Die Weltanschauung, dass die schwarze Rasse anderen aufgrund ihrer Abstammung überlegen ist, ist rassistisch. Die Forderung nach einem eigenen unabhängigen Staat zielt auf Rassentrennung ab.

Aufgabe 3:

Mögliche Gründe: Joe Martin, Alis langjähriger Trainer Angelo Dundee und sein Arzt Ferdie Pacheco sind Weiße. Weiße Fans und Journalisten haben Ali zu großer Bekanntheit, Reichtum und Ansehen verholfen.

KV Seite 33

Rückkampf gegen Sonny Liston

Mithilfe des Arbeitsblatts verfassen die Schüler einen Bericht über Alis Rückkampf gegen Sonny Liston, der im 12. Kapitel beschrieben wird. Als Hilfestellung und Motivation ist der Anfang des Hauptteils vorgegeben (aus dem Buch, Seite 71) und kann übernommen werden.

Zunächst beantworten die Kinder die W-Fragen stichwortartig. Dabei dürfen sie in der Lektüre nachschlagen (Seite 71 – 73). Aus ihren Stichworten formulieren sie dann ganze Sätze für die Einleitung, die Fortführung des Hauptteils und den Schluss. Den vollständigen Bericht schreiben die Schüler ins Heft. Abschließend formulieren sie eine passende Überschrift.

Das berühmt gewordene Foto zum Kampf, das im Buch auf Seite 72 abgedruckt ist, findet man leicht im Internet. Die Kinder können es ausdrucken und dazukleben.

Es ist auch möglich, den Bericht am Computer zu schreiben, wenn Sie den Anfang des Hauptteils digital zur Verfügung stellen. Zusammen mit dem Bild sieht der Text dann aus wie ein echter Zeitungsbericht. Allerdings brauchen die Schüler dafür eine kleinschrittige Anleitung.

Lösung

Einleitung (informiert knapp, worum es geht):

Wer (kämpft gegen wen)?	Muhammad Ali gegen Sonny Liston
Wo (findet der Boxkampf statt)?	Central Maine Civic Center, Lewiston, USA
Wann (findet der Kampf statt)?	25. 05. 1965
Was (für ein Kampf ist das)? / *Worum* (geht es)?	Verteidigung des Weltmeistertitels im Schwergewicht

Hauptteil (beschreibt genauer, worum es geht):

Wie (wird gekämpft)?	plötzlicher Angriff Liston: linke Gerade an Alis Kinn, Ali springt zurück, Liston ohne Deckung, Ali schnellt vor und schießt Rechte an Listons Schläfe, Liston geht zu Boden und bleibt liegen, Ali brüllt ihn an: weiterkämpfen, Liston kämpft nicht mehr weiter

Schluss (nennt die Ergebnisse):

Welche Folgen (hat der Kampf)?	Öffentlichkeit spricht von „Phantom-Schlag“, Ali verteidigt seinen Weltmeistertitel

z. B. Ein überraschender Sieg:

Der Kampf zur Titelverteidigung der Weltmeisterschaft im Schwergewicht zwischen Muhammad Ali und Sonny Liston fand am 25. Mai 1965 im Central Maine Civic Center in Lewiston, USA statt.

Selbstbewusst begann Ali nach einem kurzen Gebet die erste Runde. Blitzschnell feuerte er die Schläge ab, dann tänzelte er rückwärts und wich Listons Schlägen wie im vorherigen Kampf aus.

Plötzlich ging Liston zum Angriff über: Er stürmte vorwärts und zielte mit einer linken Geraden auf Alis Kinn. Sein Gegner wich dem Schlag rechtzeitig aus und Liston war kurz ohne Deckung. Ali nutzte diesen Moment für eine Rechte an Listons Schläfe. Überraschenderweise stürzte Liston zu Boden und blieb liegen. Ali brüllte ihn an, er solle aufstehen und kämpfen. Doch Liston gab sich geschlagen und kämpfte nicht weiter.

Zwar meinte das Publikum, ein „Phantom-Schlag“ habe den K.-o.-Sieg bewirkt. Das änderte aber nichts daran, dass Ali seinen Titel verteidigte und Weltmeister im Schwergewicht blieb.

Alis Kriegsdienstverweigerung

Anhand von Multiple-Choice-Fragen überprüfen die Schüler ihr Textverständnis des 13. Kapitels und setzen sich mit Alis Widerstand gegen die (weiße) Regierung auseinander. Um sich die Reichweite der Wehrdienstverweigerung bewusst zu machen, listen die Kinder im Anschluss die Konsequenzen auf, die sich für Alis Leben und vor allem seine Boxkarriere ergeben.

Lösung

Aufgabe 1:

a) Alle Untauglichkeitsbescheide waren überprüft worden, weil das Land Soldaten für den Vietnamkrieg brauchte.

b) Er wollte nicht gegen Menschen kämpfen, die ihm persönlich nie etwas getan hatten.

c) Mit der Kriegsdienstverweigerung leistete er als Schwarzer Widerstand gegen die weiße Regierung.
Man sah es als Pflicht eines jeden US-Bürgers an, für das eigene Land in den Krieg zu ziehen.

d) Ali wollte auf rechtmäßigem Weg als Kriegsdienstverweigerer anerkannt werden.

Aufgabe 2:

① Aberkennung des Weltmeistertitels
② Entzug der Boxlizenz (für dreieinhalb Jahre)
③ fünf Jahre Haft bzw. Freiheit gegen Kaution
④ Geldstrafe von 10 000 Dollar
⑤ Abgabe des Reisepasses / Reiseverbot

KV Seite 35

Und jetzt?

Wie geht es einem Sportler, der auf der Höhe seiner Karriere wegen einer selbst getroffenen Entscheidung Berufsverbot erhält? Das ist die Situation, die diesem Arbeitsblatt zugrunde liegt. Vielleicht haben die Schüler schon einen ähnlichen Tiefschlag miterlebt, z. B. wenn Mutter oder Vater eine Kündigung erhielten.

Die Kinder versuchen, sich in Alis Gedankenwelt hineinzuversetzen, und formulieren mögliche Zweifel an dem Entschluss, Zukunftsängste, Sorgen um fehlende Perspektiven etc.

Als Weiterführung bietet sich eine szenische Umsetzung in Form einer Stimmenskulptur an: Ein Schüler nimmt in einer nachdenklichen Pose auf einem Stuhl Platz. Mehrere Kinder treten nun nacheinander hinter ihn und lesen ihre Notizen vor. Dabei dürfen einzelne Gedanken ruhig wiederholt genannt werden.

Die übrigen Schüler lassen die Szene auf sich wirken und überlegen danach, welche Gefühle zum Ausdruck gekommen sind. Aus den auf dem Arbeitsblatt formulierten Gedanken und den zu Papier gebrachten Gefühlen lässt sich abschließend ein wirkungsvolles Wandplakat erstellen. Alternativ kann hierzu auch in Gruppenarbeit ein szenischer Kurzfilm entstehen.

Gesprächs- und Schreibanlässe

Was haltet ihr vom Boxen?
Tauscht euch im Klassengespräch über folgende Fragen aus: Wer von euch hat schon einmal geboxt? Kennt ihr jemanden, der boxt? Warum wählt man genau diese Sportart? Ist Boxen auch ein Sport für Mädchen? Würdest du gern boxen lernen? Warum (nicht)?

Die Bodenhaftung verlieren
Im 10. Kapitel wird durch Cassius' Verhalten deutlich, dass er zum Größenwahnsinn neigt. Was sind die Gründe dafür? Kennst du weitere Sportler, die im Laufe ihrer Karriere die Bodenhaftung verloren haben? Welche Sportler sind trotz Erfolg bescheiden geblieben? Sprecht darüber.

„Ich bin frei, derjenige zu sein, der ich sein will"
Dieser Satz ist Muhammad Alis Lebensmotto. Was meint er damit? Welche Freiheiten nimmt er sich heraus? Ist das immer gut? Welche Freiheiten wünschst du dir? Lassen sich alle umsetzen? Diskutiert in der Klasse darüber.

Widerstand leisten
Muhammad Ali leistet mit seiner Kriegsdienstverweigerung Widerstand. Warum und wie hast du schon einmal Widerstand geleistet? Was wolltest du damit erreichen? Haben sich daraus Nachteile für dich ergeben?

Kreativ aktiv

Berühmtes Sportfoto
Wie Liston kurz nach Alis „Phantom-Schlag" vor ihm auf dem Boden liegt, zeigt eines der berühmtesten Sportfotos der Welt (Seite 72 im Buch). Im Unterricht kann dieses Bild auf unterschiedliche Weise zum Einsatz kommen.

1. Standbild bauen
Bilden Sie Gruppen mit ungefähr fünf Schülern. Jede Gruppe wählt zwei Kinder als Darsteller aus, die anderen sind die Regisseure. Letztere erhalten den Auftrag, das Foto aus dem Buch als Standbild nachzubauen. Sie geben den Darstellern kurze, exakte Anweisungen zu Gestik, Mimik und Körperhaltung. Entspricht das Standbild den Vorstellungen der Regisseure, machen sie ein Foto.

Drucken Sie die Fotos der einzelnen Standbilder aus und hängen Sie diese zusammen mit dem Originalfoto im Klassenzimmer auf. Ermitteln Sie mit den Schülern, welche Gruppe die Szene am besten nachgebaut hat.

2. Gedankenbild
Bilden Sie Gruppen mit ungefähr drei bis vier Schülern. Jede Gruppe erhält ein großes Arbeitsblatt mit einer Kopie des Sportfotos und einigen Gedankenblasen. Die Aufgabe ist es nun, sich in die beiden Boxer einzufühlen und zu formulieren, was ihnen durch den Kopf gehen könnte. In einem „Gallery Walk" werden die Ergebnisse angeschaut.

3. Bildbetrachtung
Analysieren Sie gemeinsam das Foto: Was sticht beim Betrachten sofort ins Auge? Wie wirken die beiden auf euch? Was drückt ihre jeweilige Körperhaltung aus?

Cassius und die *Nation of Islam*

Die *Nation of Islam* beeindruckt Cassius aus verschiedenen Gründen.

1. Welche Aussagen sind wahr, welche falsch? Kreuze an.

	wahr	falsch
1. Die Mitglieder der *Nation of Islam* predigen, dass die Schwarzen keine minderwertige Rasse sind.	P	M
2. Die Organisation fördert das Trinken, Rauchen und den Konsum von Drogen.	A	R
3. Die *Nation of Islam* setzt sich vor allem für schwarze Boxer ein.	T	E
4. Bei Versammlungen werden Schwarze über ihre Herkunft und Geschichte aufgeklärt.	D	L
5. Die Mitglieder der Organisation ermutigen die Schwarzen, sich von den Weißen nicht mehr unterdrücken zu lassen.	I	O
6. Die *Nation of Islam* möchte ein Land gründen, das „Neger“ heißt.	B	G
7. In ihren Vorträgen wird offen angesprochen, was Cassius an Ungerechtigkeit in seinem Leben schon oft erlebt hat.	T	N

2. Die richtig angekreuzten Buchstaben ergeben ein Lösungswort, das mit der *Nation of Islam* zu tun hat. Schreibe es auf.

Lösungswort: ____________________

3. Korrigiere die falschen Aussagen.

Das Großmaul aus Louisville

Vor dem Kampf gegen Henry Cooper behauptet Cassius: „Henry Cooper ist für mich ein Nichts." (Seite 58)

1. Lies im 10. Kapitel nach und finde weitere Angebereien sowie Beleidigungen und Provokationen, die Cassius für seine Gegner bereithält. Trage sie in die Sprechblasen ein.

2. Wie wirken diese Aussagen auf dich? Notiere.

3. Wie erklärt Cassius sein lautes und angeberisches Verhalten (11. Kapitel)? Schreibe auf.

4. Was hältst du von Cassius' Verhalten? Begründe deine Meinung.

Die Lehren der *Nation of Islam*

1. Lies den Text und unterstreiche wichtige Informationen farbig.

Die *Nation of Islam* ist eine religiös-politische Organisation, die auch unter dem Namen *Black Muslims* bekannt ist. Sie wurde 1930 von einem selbst ernannten Prediger namens Wallace Fard Muhammad in Detroit (Michigan, USA) gegründet und richtete sich an die schwarze Bevölkerung. Vier Jahre nach der Gründung verschwand Wallace Fard Muhammad unter ungeklärten Umständen und Elijah Muhammad übernahm die Führung der Organisation bis zu seinem Tod 1975.

Ein Kernpunkt der Lehre ist der Glaube an Allah und an ein Urvolk, den Stamm Shabazz, von dem die Afroamerikaner und alle dunkelhäutigen Menschen abstammen sollen. Ein Wissenschaftler namens Yacub habe später auf einer Insel die weiße Rasse erschaffen, die das Böse und den Teufel repräsentiert. Den Weißen sei es gelungen, von der Insel zu fliehen und den Stamm Shabazz zu unterwerfen und zu versklaven.

Verbreitet wurden die Lehren des Führers Elijah Muhammad durch Versammlungen und die Zeitung *Muhammad Speaks*. Die Mitglieder der *Nation of Islam* predigten die Überlegenheit schwarzer Menschen, da sie direkte Nachfahren des Urvolks seien. Man wollte der schwarzen Bevölkerung mehr Selbstachtung und Selbstbewusstsein verleihen, indem man sie über ihre „wahre“ Geschichte und Religion aufklärte. Die Weißen wurden als blauäugige Teufel bezeichnet, die die US-amerikanische Gesellschaft dominieren. Sie hätten den Schwarzen Sklavennamen gegeben, um ihnen ihre Identität zu nehmen.

Die *Nation of Islam* forderte die Erschaffung eines unabhängigen afroamerikanischen Staates innerhalb der USA. Denn in ihren Augen würde ein Schwarzer in den USA niemals dieselben Rechte bekommen wie ein Weißer.

2. Inwiefern kann man von der *Nation of Islam* behaupten, sie habe eine rassistische Haltung? Schreibe zwei Gründe auf.

3. Muhammad Ali folgt nicht vollständig der Ideologie der *Nation of Islam*. So sieht er die Weißen nicht als blauäugige Teufel. Warum? Sprecht darüber.

Rückkampf gegen Sonny Liston

Schreibe einen Bericht über den Rückkampf von Muhammad Ali gegen Sonny Liston.

1. Beantworte die Fragen in den Tabellen stichwortartig anhand des 12. Kapitels.
2. Formuliere aus deinen Stichworten ganze Sätze für die Einleitung, den Hauptteil und den Schluss auf einem Blatt.
3. Schreibe den vollständigen Bericht im Präteritum in dein Heft. Übernimm dabei den bereits abgedruckten Anfang des Hauptteils.
4. Formuliere eine passende Überschrift für deinen Bericht.

Einleitung (informiert knapp, worum es geht):

Wer (kämpft gegen wen)?	
Wo (findet der Boxkampf statt)?	Central Maine Civic Center, Lewiston, USA
Wann (findet der Kampf statt)?	
Was (für ein Kampf ist das)? / *Worum* (geht es)?	Verteidigung des Weltmeistertitels im Schwergewicht

Hauptteil (beschreibt genauer, worum es geht):

Wie (wird gekämpft)?	Selbstbewusst begann Ali nach einem kurzen Gebet die erste Runde. Blitzschnell feuerte er die Schläge ab, dann tänzelte er rückwärts und wich Listons Schlägen wie im vorherigen Kampf aus …

Schluss (nennt die Ergebnisse):

Welche Folgen (hat der Kampf)?	

Alis Kriegsdienstverweigerung

1. Was stimmt? Kreuze die richtige Antwort an. In einem Fall sind mehrere Antworten möglich.

a) Wie kam es zu Alis plötzlicher Einstufung als „tauglich für den Militärdienst“?

- ☐ Die USA wollten damit Werbung machen, dass ein Weltmeister in den Krieg zog.
- ☐ Alle Untauglichkeitsbescheide waren überprüft worden, weil das Land Soldaten für den Vietnamkrieg brauchte.
- ☐ Ein Boxer galt als guter Soldat, denn er weiß, wie man sich verteidigt.

b) Warum wollte Muhammad Ali nicht in Vietnam kämpfen?

- ☐ Er vertrug das Klima dort nicht.
- ☐ Ali hatte immer noch extreme Flugangst.
- ☐ Er wollte nicht gegen Menschen kämpfen, die ihm persönlich nie etwas getan hatten.

c) Weshalb wurde Ali durch seine Kriegsdienstverweigerung bei der weißen Bevölkerung zum meistgehassten Mann im Land?

- ☐ Mit der Kriegsdienstverweigerung leistete er als Schwarzer Widerstand gegen die weiße Regierung.
- ☐ Man sah es als Pflicht eines jeden US-Bürgers an, für das eigene Land in den Krieg zu ziehen.
- ☐ Die Menschen erkannten, dass Ali zwar im Boxring ein großer Held war, aber ansonsten ein Angsthase.

d) Wieso wollte Ali nicht, dass sich seine Berater und Rechtsanwälte bei den Behörden für ihn einsetzten?

- ☐ Das wäre sehr teuer geworden.
- ☐ Weder im eigenen Land noch in Vietnam wollte er Militärdienst ableisten.
- ☐ Ali wollte auf rechtmäßigem Weg als Kriegsdienstverweigerer anerkannt werden.

2. Welche Folgen hatte die Wehrdienstverweigerung für Ali? Liste sie auf.

① ______________________________

② ______________________________

③ ______________________________

④ ______________________________

⑤ ______________________________

Und jetzt?

Aberkennung des Weltmeistertitels, Entzug der Boxlizenz für dreieinhalb Jahre – das ist die Konsequenz aus Alis Wehrdienstverweigerung.

Was geht Ali in dieser Situation durch den Kopf? Schreibe in die Gedankenblase.

14. bis 18. Kapitel: Das Comeback

Inhalt

(14) Kampf des Jahrhunderts
Nachdem Ali seine Boxlizenz im September 1970 zurückerhält, nimmt seine Karriere wieder Fahrt auf, begleitet von schwindelerregenden Gagen und Millionen von Zuschauern auf der ganzen Welt. Im „Kampf des Jahrhunderts" tritt der ungeschlagene Boxweltmeister Muhammad Ali gegen den anderen ungeschlagenen Weltmeister Joe Frazier an. Ali unterliegt Frazier in einem der härtesten und brutalsten Kämpfe der Boxgeschichte. Die Mehrheit des Publikums geht jetzt davon aus, dass Alis Zeit vorbei ist.

(15) Rumble in the Jungle
Im Juni 1971 hebt der Oberste Gerichtshof das Urteil vom Frühjahr 1967 auf. Ali ist wieder ein freier Mann. Sein Ziel ist vor allem die Revanche gegen Frazier, doch zuvor schlägt er viele andere Gegner. Den Rückkampf gegen Frazier, der zu diesem Zeitpunkt schon nicht mehr im Besitz des Weltmeistertitels ist, gewinnt Ali im Januar 1974.

Das nächste Ziel ist nun die Herausforderung des amtierenden Weltmeisters George Foreman im sogenannten „Rumble in the Jungle" im Oktober 1974. Mit der Taktik „Rope-a-dope", bei der er sich in die Seile des Rings hängt, anstatt wie früher dem Gegner auszuweichen, siegt Ali gegen Foreman. Er überwindet damit das Grundgesetz des Boxens „They never come back" und wird zum zweiten Mal Weltmeister.

(16) Auf Leben und Tod
Im Oktober 1975 kommt es zum dritten Kampf gegen Frazier, auch bekannt als „Thrilla in Manila". Hier stehen sich zwei persönliche Feinde im Ring gegenüber, die sich bis aufs Blut bekämpfen und beide mehrfach einem K. o. nahe sind. Fraziers Trainer lässt den Kampf nach 14 Runden abbrechen, da er um das Leben seines Schützlings fürchtet. Ali gewinnt zwar, ist aber schwer gezeichnet von den Schlägen.

Wieder einmal scheint das Karriereende in greifbarer Nähe. Doch Ali verteidigt seinen Titel weiter. Eindringliche Warnungen des Arztes Ferdie Pacheco vor gesundheitlichen Schäden nimmt er nicht ernst. Ali verliert seinen Titel im Kampf gegen Leon Spinks und holt ihn sich in der Revanche zurück – jetzt ist er dreifacher Weltmeister. Ein drittes Mal stand der Boxer inzwischen auch vor dem Traualtar: Nach der Trennung von Belinda Boyd heiratet er Veronica Porché.

(17) Ein Narr
Im Juni 1979 erklärt Ali öffentlich, dass er nun mit dem Boxen aufhört. Aufgrund von Geldmangel steigt er jedoch erneut in den Ring. Im Kampf gegen Weltmeister Larry Holmes im Oktober 1980 ist er chancenlos. Wegen der Einnahme eines für ihn schädlichen Medikaments überlebt Ali nur haarscharf.

Da er sich mit einem Sieg von der Boxwelt verabschieden will, kämpft Ali im Dezember 1981 ein weiteres Mal. Beim „Drama in Bahama" ohne Fernsehübertragung und mit wenig Zuschauern kann der dreifache Weltmeister nichts mehr von seinen Fähigkeiten zeigen. Nach der Niederlage sieht er schließlich ein, dass das Ende seiner Karriere gekommen ist.

(18) Der größte Sieg
Bei Ali wird eine leichte Form der Parkinson-Krankheit diagnostiziert. Er reist viel, setzt sich für wohltätige Zwecke ein, heiratet zum vierten Mal und unternimmt 1989 die für Muslime vorgeschriebene Pilgerreise nach Mekka. 1996 hat Ali nochmals einen großen Auftritt: Er entzündet vor 80000 Zuschauern im Stadion und rund drei Milliarden Menschen vor den Fernsehgeräten das olympische Feuer bei den Olympischen Sommerspielen in Atlanta. Das Publikum ist gerührt, diesen ehemals herausragenden Boxer, der nun von seiner Parkinson-Krankheit gezeichnet ist, zu sehen.

Unterrichtsschwerpunkte

- Alis Boxkarriere
- Licht- und Schattenseiten des Profisports
- Alis Auftritte bei den Olympischen Spielen
- Alis Privatleben

Zu den Kopiervorlagen

Noch einmal Weltmeister?
Dieses Arbeitsblatt prüft das Textverständnis des 14. und 15. Kapitels und beinhaltet zwei Schwierigkeitsstufen. In der ersten, leichteren Aufgabe verbinden die Schüler die passenden Satzteile miteinander. Bei der darauffolgenden, anspruchsvolleren Aufgabe vervollständigen sie die Satzanfänge so, dass inhaltlich sinnvolle und grammatisch richtige Aussagen entstehen.

Lösung
Aufgabe 1:
Man sprach vom „Kampf des Jahrhunderts", weil zwei ungeschlagene Boxweltmeister gegeneinander kämpften.
Ali änderte seine Boxtaktik, indem er den Gegner sofort angriff.

Ali gelang das Comeback nicht, denn Frazier gewann den Kampf in der 15. Runde.
Ali und Frazier lieferten sich einen so harten Kampf, dass beide danach ins Krankenhaus eingeliefert werden mussten. Obwohl Alis Gesundheit in Gefahr war, hörte er nicht mit dem Boxen auf, sondern wollte die Revanche gegen Frazier.

Aufgabe 2:

a) Ali konnte sich im Rückkampf gegen Frazier den Weltmeistertitel nicht zurückholen, weil Frazier zu diesem Zeitpunkt nicht mehr Weltmeister war.
b) Da der Diktator des afrikanischen Staates Zaire sein Ansehen verbessern wollte, bezahlte er den Boxkampf von Ali gegen Foreman.
c) Der Kampf gegen Foreman wurde „Rumble in the Jungle" genannt, weil er in einem afrikanischen Staat stattfand.
d) Mit der Taktik „Rope-a-dope" schaffte es Ali, dass der Gegner müde wurde.
e) Das Grundgesetz des Boxens „They never come back" meint, dass es keiner schafft, einen verlorenen Weltmeistertitel noch einmal zu gewinnen.
f) Doch Muhammad Ali hatte es geschafft. Er war zum zweiten Mal Weltmeister!

KV Seite 41

Licht und Schatten im Spitzensport

Anhand von ausgewählten Zitaten aus dem Buch werden die Erfolge und Rückschläge in Alis Karriere aufgezeigt. Die Schüler differenzieren zwischen positiven und negativen Aspekten, indem sie die Aussagen mit verschiedenen Farben unterstreichen. Es gibt keine eindeutige Lösung, da manche Ereignisse unterschiedlich interpretiert werden können. Eine kritische Auseinandersetzung mit den Vor- und Nachteilen des Lebens als Spitzensportler schließt sich in einem Klassengespräch an. Die Ergebnisse halten die Kinder in einer Tabelle fest.

Lösung

Aufgabe 1:

Vorteile (rot unterstrichen): Sätze (a), (c), (d), e, g, h, i, (l)
Nachteile (blau unterstrichen): Sätze (a), b, (c), (d), f, j, k, (l)

Aufgabe 2:

z. B.

Vorteile	Nachteile
finanzielle Unterstützung (a), Beliebtheit (c, g), öffentliches Interesse, viele Zuschauer (d, h), Reichtum (e, i), Leidenschaft und sportlicher Ehrgeiz (l)	Abhängigkeit von Sponsoren (a), Bewertung und Verurteilung durch die Öffentlichkeit (b, c), kein Privatleben, großes mediales Interesse (d), gesundheitliche Risiken (f), Gefahr falscher Freunde (j), Erfolgs-/Leistungsdruck (k, l)

KV Seite 42

Erfolg

Das 14. bis 16. Kapitel handelt von Alis unglaublichem Comeback auf der Boxkampfbühne. Mithilfe des Schaubilds machen sich die Schüler bewusst, dass dieser Erfolg nicht von allein kam, sondern hart erarbeitet wurde. Besprechen Sie zunächst gemeinsam, welche Faktoren für Alis Erfolg verantwortlich sind. Danach ist zu überlegen, in welchen Bereichen außerhalb des Sports diese Faktoren noch eine Rolle spielen.

Auf diese Weise lässt sich herausarbeiten, dass Alis „Erfolgsrezept" auch für die Lebenswelt der Kinder Gültigkeit hat. Wichtig ist zu erwähnen, dass nicht alle Faktoren gleich stark vorhanden sein müssen. Habe ich z. B. weniger Talent oder Begabung, dann kann ich mehr üben und so ein Defizit mit einem anderen Faktor ausgleichen. Das ausgefüllte Arbeitsblatt eignet sich als Poster fürs Klassenzimmer, weil es klar aufzeigt, was nötig ist, um (in der Schule) erfolgreich zu sein.

Lösung

Aufgabe 1:

z. B.

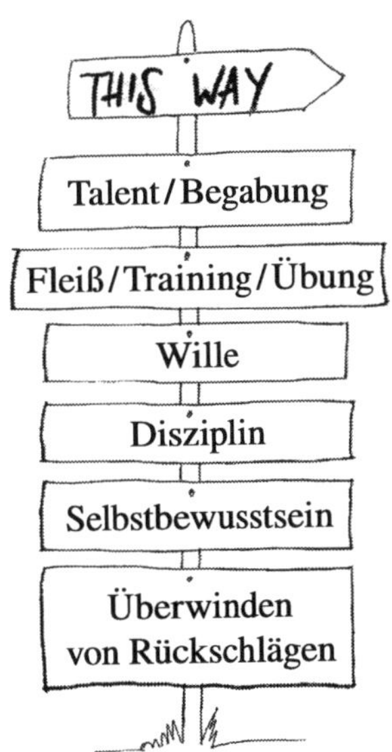

Aufgabe 2:
z. B. Musik (Erlernen eines Instruments), Schule, Beruf

KV Seite 43

Der Kreis schließt sich

Dieses Arbeitsblatt beschäftigt sich mit Alis Rolle bei den Olympischen Spielen 1960 und 1996. Durch die Gegenüberstellung seines Auftretens wird deutlich, wie sich Ali in den 36 Jahren entwickelt hat und was der Boxsport mit seinem Körper gemacht hat. Die Schüler füllen die olympischen Ringe unter Heranziehung des 6. und 18. Kapitels aus. Eine Interpretation kann danach im Klassengespräch erfolgen.

Zum Abschluss bietet es sich an, gemeinsam ein Video von der Entzündung des olympischen Feuers anzuschauen: *https://www.youtube.com/watch?v=PF9kK27BFk8* (Dauer: knapp 3 Minuten).

Lösung

1. Olympische Spiele 1960
Ort: Rom, Italien
Alis Funktion: Boxkampfsportler im Halbschwergewicht

2. Olympische Spiele 1996
Ort: Atlanta, USA
Alis Funktion: Entzünder des olympischen Feuers

3. Alis Auftreten 1960:
Liebling der Journalisten, gewinnt Goldmedaille

4. Alis Auftreten 1996:
krank und zittrig; hat Mühe, das Feuer zu entzünden

Bist du ein Boxexperte?

Die Schüler haben im Laufe der Lektüre die Welt des Boxens näher kennengelernt. Das vorliegende Arbeitsblatt greift dieses Wissen in Form eines Wörterrätsels auf. Es gilt, im Buchstabensalat 18 Begriffe rund um den Boxsport zu finden.

Dabei bestehen drei Differenzierungsmöglichkeiten: Unter dem Rätsel finden Sie die Vorgaben für die einfache und die mittlere Variante. Wählen Sie für schwächere Schüler den ersten Abschnitt, da sowohl die zu suchenden Wörter als auch deren Anordnung abgedruckt sind. Der zweite Abschnitt macht die Aufgabe etwas schwieriger, denn er gibt die Begriffe in beliebiger Reihenfolge vor. Bei der schwierigsten Variante lösen die Kinder das Rätsel ohne Hilfestellung.

Klappen Sie die Kopiervorlage je nach gewünschter Schwierigkeitsstufe um und kopieren Sie nur den jeweiligen Abschnitt. Bei der dritten Variante können Sie den Arbeitsauftrag ergänzen: Schreibe die Wörter auf.

Vertiefend bilden die Schüler mit fünf Begriffen jeweils einen vollständigen Satz, der zum Inhalt der Lektüre passt. Schwächere Kinder notieren einfache Sätze (Hauptsätze), stärkere Schüler werden aufgefordert, auch komplexere Satzstrukturen mit Nebensätzen zu verwenden.

Lösung

S	G	J	F	F	O	K	E	D	C	G	J	T	Z	R	K	Ö	A
C	V	N	T	F	J	Ö	D	B	R	R	B	D	U	I	J	L	Ä
C	M	M	D	A	T	H	D	E	K	P	Ü	O	B	N	S	T	H
H	A	Q	X	V	K	A	T	J	C	L	I	H	X	G	T	G	T
A	U	F	W	Ä	R	T	S	H	A	K	E	N	H	R	K	E	L
M	R	G	H	Z	R	R	I	C	V	H	U	H	U	I	I	G	P
P	K	S	P	P	R	F	L	K	E	L	M	N	S	C	V	N	A
I	J	C	U	V	U	F	M	R	M	Ö	G	H	G	H	D	E	G
O	D	H	T	D	N	N	P	F	Ä	U	S	T	E	T	E	R	W
N	E	W	Z	G	D	T	K	R	A	Q	G	H	S	E	S	F	E
J	B	E	H	H	E	H	P	T	R	E	F	F	E	R	G	F	R
D	N	R	S	U	D	W	U	R	E	X	G	J	R	I	M	A	G
S	K	G	B	O	X	H	A	N	D	S	C	H	U	H	E	N	H
E	Ö	E	K	I	T	Q	T	Z	A	K	T	Ö	S	O	N	G	J
R	O	W	L	G	Z	A	Z	Ä	F	V	O	Ä	F	P	H	R	X
T	T	I	Ö	B	W	E	L	T	M	E	I	S	T	E	R	I	S
R	Ü	C	K	K	A	M	P	F	B	R	T	A	I	Ü	A	F	Ä
Z	F	H	B	B	R	O	Z	T	W	E	I	S	F	E	F	F	G
U	G	T	I	T	E	L	V	E	R	T	E	I	D	I	G	E	R

Alis Privatleben

Diese Kopiervorlage befasst sich nicht mit dem Boxer, sondern mit dem Partner und Familienvater Ali. Die Schüler tragen die wichtigsten Informationen aus dem Buch über Alis Beziehungen zu seinen vier Ehefrauen stichwortartig in einem Schaubild zusammen. Abschließend diskutieren sie über die Aussage „Ali war kein Familienmensch" (18. Kapitel, S. 100).

Lösung
Aufgabe 1:
Sonji: viel Erfahrung mit Männern und vierjähriger Sohn; schnelle Heirat mit Ali; keine Anpassung an das muslimische Frauenbild (v. a. in Kleidung und Aussehen); Scheidungsgrund: Sonji entsprach nicht Alis Vorstellungen von einer Ehefrau
Belinda: 17 Jahre alt; überzeugte Muslimin; Ali und sie bekommen vier Kinder

Veronica: als Ali sie heiratet, hat er schon eine einjährige Tochter mit ihr; Ali verbringt wenig Zeit mit ihr und den Kindern; Ali hat außereheliche Liebschaften
Lonnie: 29 Jahre alt/15 Jahre jünger als Ali; die beiden kennen sich schon lange; Lonnie hat sich als 17-Jährige in Ali verliebt; Lonnie wechselt für ihren Mann zum Islam; Paar zieht aufs Land; Ehe scheitert nicht

Aufgabe 2:
z. B. Ali lebt sein Leben und erwartet, dass sich seine Ehefrauen an ihn anpassen. Kaum hat er sich von einer Frau geschieden, heiratet er schon wieder die nächste.

Aufgabe 3:
z. B. Die Aussage bedeutet, dass Ali sich kaum Zeit für seine Familie nimmt und ihm andere Dinge offensichtlich wichtiger sind.

Gesprächs- und Schreibanlässe

Faszination Sportereignis
„Obwohl die Eintrittskarten auf dem Schwarzmarkt bis zu 700 Dollar kosteten, war der Madison Square Garden in New York am 8. März 1971 mit 20455 Zuschauern ausverkauft. Rund 300 Millionen Menschen saßen weltweit vor den Fernsehgeräten – nur bei der ersten Mondlandung waren es mehr gewesen." (14. Kapitel, S. 80)

Sportereignisse wie die Olympischen Spiele, Formel-1-Rennen, Boxkämpfe und Fußballspiele üben bis heute eine große Faszination aus. Woran liegt das? Überlegt gemeinsam. Vielleicht war jemand von euch schon einmal vor Ort bei einem großen Sport-Event dabei und kann davon berichten.

Der größte Boxkampf aller Zeiten
Stell dir vor, du hättest am 15. September 1978 im Superdome in New Orleans gesessen und den Boxkampf zwischen Leon Spinks und Muhammad Ali live gesehen. Du warst dabei, als Ali zum dritten Mal den Weltmeistertitel errang. Das, was du erlebt hast, musst du unbedingt festhalten. Schreibe einen Tagebucheintrag.

Vorlesewettbewerb
Die Schilderung der einzelnen Boxkämpfe im Buch eignet sich gut, um einen Vorlesewettbewerb durchzuführen, an dem die ganze Klasse beteiligt ist. Wer steigt in den Ring und liest vor? Welche Schüler sind die Trainer, die die Kandidaten coachen? Aus welchen Kindern setzt sich die Jury zusammen, die anhand von vorgegebenen Kriterien die Bewertung durchführt und Punkte verteilt?

Erarbeiten Sie gemeinsam die Kriterien für gutes Vorlesen: sicheres und flüssiges Lesen, deutliche Aussprache, angemessenes Tempo und Pausen, sinnvolle Betonung und Erfassen der Stimmung des Textes.

Um die Schüler in ihrer jeweiligen Aufgabe fit zu machen, eignet sich die Beschreibung des Rückkampfs gegen Sonny Liston (12. Kapitel, S. 71: „Selbstbewusst begann er …" bis S. 72: „‚Steh auf und kämpfe, du Feigling!'"). Für den eigentlichen Wettbewerb können die Schilderungen der drei großen Boxkämpfe herangezogen werden: „Kampf des Jahrhunderts" (14. Kapitel, S. 81: „Diesmal umkreiste Ali …" bis S. 82: „Und die Mehrheit der Zuschauer war der Meinung: Alis Zeit ist vorbei."), „Rumble in the Jungle" (15. Kapitel, S. 86: „Den begann Ali zur Überraschung des Publikums …" bis S. 87: „‚Big George' fiel vornüber zu Boden."), „Thrilla in Manila" (16. Kapitel, S. 89: „Im Ring bekämpften sie sich …" bis „‚Noch nie war ich dem Tod so nahe.'").

Es ist vorbei
Muhammad Ali hängt seine Boxhandschuhe endgültig an den Nagel und verabschiedet sich mit den Worten: „Es ist vorbei. Ich muss den Tatsachen ins Auge sehen. (…) Das war mein letzter Kampf." (17. Kapitel, S. 98)

Du bist Sportjournalist einer großen amerikanischen Zeitung und erhältst die einmalige Gelegenheit, mit Ali am Ende seiner Karriere ein Interview zu führen. Was fragst du ihn? Was antwortet er dir? Schreibe dieses fiktive Interview allein oder mit einem Partner.

Kreativ aktiv

Boxkampfcollage
Im 14. bis 16. Kapitel werden einige bedeutende Boxkämpfe aus Muhammad Alis Karriere erwähnt. Suche im Internet Bildmaterial zu jedem Kampf und gestalte ein Infoplakat.

Unsere Lieblingssportart
Viele Menschen waren von Muhammad Ali und dem Boxsport begeistert. Welcher Sport begeistert euch? Stellt diese Sportart anhand von Gegenständen, eigenen Postern oder selbst gedrehten Videos vor. Geht dabei auch darauf ein, was euch persönlich an diesem Sport so fasziniert. Berichtet, ob ihr schon einmal bei einem Wettkampf als Sportler oder Zuschauer dabei wart, und schildert eure Eindrücke.

Noch einmal Weltmeister?

Nachdem Muhammad Ali seine Boxlizenz zurückbekommen hat, möchte er wieder Weltmeister werden.

1. Gelingt ihm das? Verbinde die Satzteile passend.

Man sprach vom „Kampf des Jahrhunderts“, … •	• hörte er nicht mit dem Boxen auf, sondern wollte die Revanche gegen Frazier.
Ali änderte seine Boxtaktik, … •	• denn Frazier gewann den Kampf in der 15. Runde.
Ali gelang das Comeback nicht, … •	• indem er den Gegner sofort angriff.
Ali und Frazier lieferten sich einen so harten Kampf, … •	• weil zwei ungeschlagene Boxweltmeister gegeneinander kämpften.
Obwohl Alis Gesundheit in Gefahr war, … •	• dass beide danach ins Krankenhaus eingeliefert werden mussten.

2. Vervollständige die Sätze.

a) Ali konnte sich im Rückkampf gegen Frazier den Weltmeistertitel nicht zurückholen, weil ______________________

____

____

FIGHT II...THE BIG FIGHT EVERYONE IS WAITING TO SEE
MADISON SQ. GARDEN
31st ST. TO 33rd STREET ON 7TH AVE.
MON. JAN. 28th
AT 8:30 P.M.
MAIN EVENT - 12 ROUNDS
JOE
FRAZIER
PHILA. - FORMER WORLD HEAVYWIEGHT CHAMPION
1964 OLYMPIC CHAMPION
VS.
MUHAMMAD
ALI
LOUISVILLE KY. - FORMER WORLD HEAVYWEIGHT CHAMPION
1960 OLYMPIC CHAMPION
OTHER GREAT HEAVYWEIGHT FIGHTS
PRICES $100 RINGSIDE AND LOGE $75 $50 $40 $30 $20 MEZZANINE

b) Da der Diktator des afrikanischen Staates Zaire sein Ansehen verbessern wollte, ______________________

____

c) Der Kampf gegen Foreman wurde „Rumble in the Jungle“ genannt, weil ______________________

____

d) Mit der Taktik „Rope-a-dope“ schaffte es Ali, dass ______________________

e) Das Grundgesetz des Boxens „They never come back“ meint, dass ______________________

____

f) Doch Muhammad Ali hatte es geschafft. Er war zum ____________ Mal ____________!

Licht und Schatten im Spitzensport

Eine Karriere als Spitzensportler hat Vor- und Nachteile. Das zeigt sich auch am Leben von Muhammad Ali.

1. Lies die Aussagen aus dem Buch und unterstreiche: Vorteile = rot, Nachteile = blau.

a) Also musste jemand gefunden werden, der an Cassius glaubte und bereit war, ihn finanziell zu unterstützen. (...) Ein Vertrag wurde aufgesetzt. (7. Kapitel, S. 45)

b) Als er in den Ring stieg, wurde er lautstark ausgebuht. Die Mehrheit des Publikums fand seinen Wechsel zum Islam unverzeihlich und tat dies mit Pfiffen und Rufen kund. (12. Kapitel, S. 71)

c) Daraufhin wurde er heftig beschimpft und zum meistgehassten Mann im Land – jedenfalls bei der weißen Bevölkerung. Dagegen sah ein Großteil der Schwarzen ihn immer mehr als Helden. (13. Kapitel, S. 75)

d) Die Medien übertrumpften sich mit Geschichten über die beiden (Boxer). (14. Kapitel, S. 80)

e) Jeder bekam 2,5 Millionen Dollar. Solche Summen hatte noch kein Sportler erhalten. (14. Kapitel, S. 80)

f) Alis Arzt Ferdie Pacheco riet ihm dringend, seine Karriere zu beenden. Andernfalls befürchtete er dauerhafte gesundheitliche Schäden. (15. Kapitel, S. 83)

g) Ali war inzwischen 32 Jahre alt und einer der beliebtesten Sportler Amerikas – nicht nur bei der schwarzen Bevölkerung. (15. Kapitel, S. 84)

h) Der Superdome in New Orleans war am 15. September 1978 mit mehr als 63000 Zuschauern restlos ausverkauft. An den Bildschirmen in aller Welt saßen über zwei Milliarden Menschen. Damit waren sämtliche Rekorde gebrochen. (16. Kapitel, S. 92)

i) Dabei hatte er mehr verdient als jeder andere Sportler. Wie viel, das weiß niemand genau. Allein mit seinen Kämpfen waren es etwa 65 Millionen Dollar. Dazu kamen weitere Millionen aus Werbeverträgen und Buchverkäufen. (17. Kapitel, S. 93)

j) Weil er gutgläubig war, wurde er von manchen Menschen ausgenutzt. (17. Kapitel, S. 93)

k) Aber er hatte keine Tricks auf Lager, die ihm hätten helfen können. Ein Teil des Publikums begann zu buhen, den anderen tat er leid. (17. Kapitel, S. 96)

l) „Ich werde noch einmal boxen, denn ich will mich mit einem Sieg verabschieden." (17. Kapitel, S. 96)

2. Diskutiert anhand der Unterstreichungen in Aufgabe 1 die Vor- und Nachteile des Lebens als Spitzensportler. Halte die Ergebnisse in einer Tabelle in deinem Heft fest.

Erfolg

1. Welche Faktoren sind für Alis Erfolg verantwortlich? Schreibe sie links auf die Schilder.

2. Für welche Lebensbereiche spielen diese Faktoren noch eine Rolle? Notiere sie rechts.

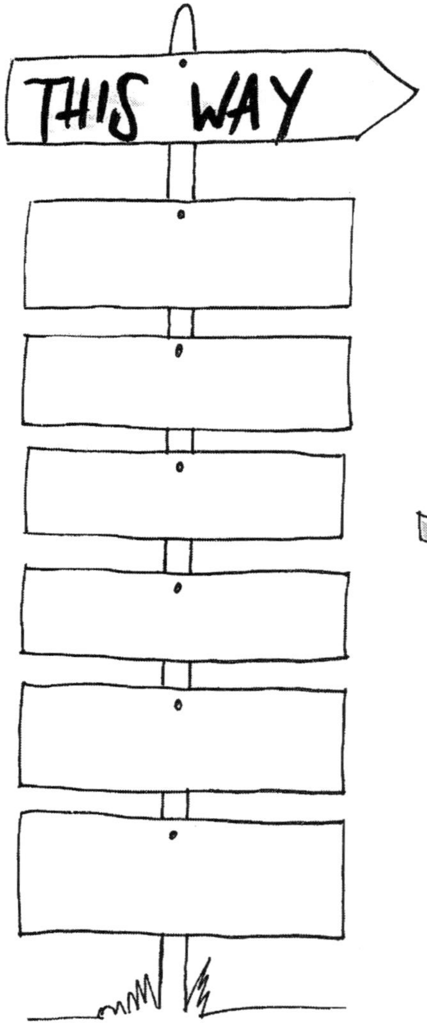

THIS WAY

ERFOLG

SPORT

Der Kreis schließt sich

Ergänze die fehlenden Angaben in den olympischen Ringen. Die notwendigen Informationen findest du im 6. und 18. Kapitel.

Olympische Spiele 1960

Ort: ______________________

Alis Funktion:

____

____

Alis Auftreten 1960:

____

____

____

Alis Auftreten 1996:

____

____

____

Olympische Spiele 1996

Ort: ______________________

Alis Funktion:

____

____

Bist du ein Boxexperte?

In diesem Buchstabensalat sind 18 Begriffe rund um den Boxsport waagerecht, senkrecht und diagonal versteckt. Finde sie und kreise sie ein.

S	G	J	F	F	O	K	E	D	C	G	J	T	Z	R	K	Ö	A
W	V	N	T	F	J	Ö	D	B	R	R	B	D	U	I	J	L	Ä
C	M	M	D	A	T	H	D	E	K	P	Ü	O	B	N	S	T	H
H	A	Q	X	V	K	A	T	J	C	L	I	H	X	G	T	G	T
A	U	F	W	Ä	R	T	S	H	A	K	E	N	H	R	K	E	L
M	R	G	H	Z	R	R	I	C	V	H	U	H	U	I	I	G	P
P	K	S	P	P	R	F	L	K	E	L	M	N	S	C	V	N	A
I	J	C	U	V	U	F	M	R	M	Ö	G	H	G	H	D	E	G
O	D	H	T	D	N	N	P	F	Ä	U	S	T	E	T	E	R	W
N	E	W	Z	G	D	T	K	R	A	Q	G	H	S	E	S	F	E
J	B	E	H	H	E	H	P	T	R	E	F	F	E	R	G	F	R
D	N	R	S	U	D	W	U	R	E	X	G	J	R	I	M	A	G
S	K	G	B	O	X	H	A	N	D	S	C	H	U	H	E	N	H
E	Ö	E	K	I	T	Q	T	Z	A	K	T	Ö	S	O	N	G	J
R	O	W	L	G	Z	A	Z	Ä	F	V	O	Ä	F	P	H	R	X
T	T	I	Ö	B	W	E	L	T	M	E	I	S	T	E	R	I	S
R	Ü	C	K	K	A	M	P	F	B	R	T	A	I	Ü	A	F	Ä
Z	F	H	B	B	R	O	Z	T	W	E	I	S	F	E	F	F	G
U	G	T	I	T	E	L	V	E	R	T	E	I	D	I	G	E	R

DIAGONAL:
DECKUNG, PUNKTE, TAKTIK, SIEG, BOXRING
SENKRECHT:
SCHWERGEWICHT, RINGRICHTER, RUNDE, ANGRIFFE, CHAMPION, GEGNER
WAAGERECHT:
AUFWÄRTSHAKEN, TREFFER, RÜCKKAMPF, BOXHANDSCHUHE, FÄUSTE, WELTMEISTER, TITELVERTEIDIGER

TAKTIK, AUFWÄRTSHAKEN, SCHWERGEWICHT, GEGNER, BOXHANDSCHUHE, RÜCKKAMPF, PUNKTE, TREFFER, FÄUSTE, WELTMEISTER, TITELVERTEIDIGER, ANGRIFF, SIEG, CHAMPION, BOXRING, RINGRICHTER, DECKUNG, RUNDE

Alis Privatleben

Ali war viermal verheiratet. Was erfährst du im Buch über die Beziehungen zu seinen Ehefrauen?

1. Lies im jeweiligen Kapitel nach, notiere die Vornamen der Frauen und trage die wichtigsten Informationen stichwortartig zusammen.

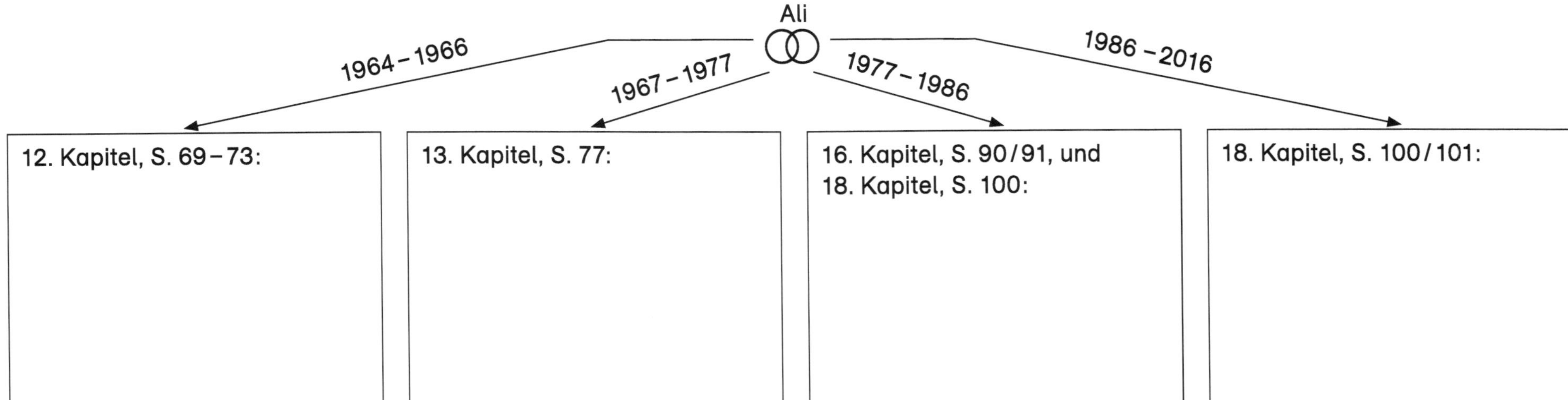

2. Welchen Eindruck hast du von Ali als Ehemann?

Ali hatte neun Kinder. Doch im 18. Kapitel heißt es: „Er war kein Familienmensch." (Seite 100)

3. Was ist mit dieser Aussage gemeint? Sprecht darüber.

Unterrichtsschwerpunkte

- Textsorte Biografie
- Reflexion der Lektüre

Zu den Kopiervorlagen

Die Textsorte Biografie

Dieses Arbeitsblatt vermittelt den Schülern viel Wissenswertes zur Textsorte Biografie. Zunächst lesen die Kinder den Informationstext, anschließend greifen sie fünf zentrale Merkmale heraus und notieren sie in Stichpunkten.

Erwähnen Sie im Klassengespräch, dass Muhammad Ali erst im Jahr 2016 gestorben ist, und stellen Sie zur Debatte, warum die Biografie wohl im Jahr 1996 endet. Der Auftritt bei den Olympischen Spielen in Atlanta markiert einen letzten Höhepunkt in Alis Leben, danach zieht er sich weitgehend aus der Öffentlichkeit zurück.

Lösung

Aufgabe 2:

z. B.

① befasst sich mit dem Leben einer Person

② chronologische Schilderung oder Herausgreifen von Lebensabschnitten / wichtigen Ereignissen

③ bietet Einblicke in vorher Unbekanntes („durchs Schlüsselloch schauen“)

④ Kennenlernen der Zeit und der Umstände, in denen die Person lebt

⑤ umfassendes Bild einer Person (auch Schwächen werden gezeigt)

Blick durchs Schlüsselloch

Am Ende der Lektürearbeit bietet es sich an, über das Leben Muhammad Alis und die gelesene Biografie zu reflektieren. Dieses Arbeitsblatt leistet dabei Hilfestellung durch verschiedene Impulsfragen.

Sorgen Sie für Differenzierung, indem Sie die Schüler frei wählen lassen, welche und wie viele Fragen sie beantworten möchten. So geben Sie den Kindern die Möglichkeit, je nach Interesse und Leistungsfähigkeit in einem Aufsatz intensiver auf einzelne Aspekte einzugehen, aber auch knappe Antworten zu notieren. Ein fortlaufender Text ist insofern von Vorteil, als er höhere Anforderungen stellt und die Schüler in einen „Schreibfluss“ kommen.

Die Kopiervorlage kann auch als Aufgabenstellung für eine Klassenarbeit dienen. Dann sollten Sie jedoch einen Erwartungshorizont formulieren (Anzahl der zu beantwortenden Fragen und gewünschter Umfang der Antworten).

Die Textsorte Biografie

1. Lies die Informationen zur Textsorte Biografie.

Der Begriff „Biografie“ kommt aus dem Griechischen und setzt sich zusammen aus den Wörtern für „Leben“ *(bios)* und „schreiben“ *(grapho)*. Diese Textsorte befasst sich mit dem Leben einer bestimmten Person. Schreibt jemand eine Biografie über sein eigenes Leben, spricht man von „Autobiografie“.

Biografien können das Leben einer Persönlichkeit chronologisch von der Geburt bis zum Tod schildern, aber auch nur einzelne Lebensabschnitte oder wichtige Ereignisse behandeln. Gegenstand sind Menschen aus den verschiedensten gesellschaftlichen Bereichen, zum Beispiel Sport, Musik, Kunst, Politik und Wissenschaft.

Der Leser lernt den Lebensweg der beschriebenen Person kennen und erhält Einblicke in Erlebnisse und ihre Hintergründe. Es ist ein bisschen wie „durchs Schlüsselloch schauen“ – man erfährt Dinge, von denen man sonst nichts wüsste. Zusätzlich bekommt man viel über die Zeit und die Umstände mit, in denen die Person gelebt hat oder noch lebt.

Der Leser verfolgt mit, wie sich jemand entwickelt, verändert und mit bisweilen auch schwierigen Lebenssituationen umgeht. Eine Biografie zeigt nicht nur die „Schokoladenseite“ eines Menschen – vielleicht sogar unseres Idols –, sondern erzählt darüber hinaus von seinen Schwächen, die wir möglicherweise von uns selbst kennen. Das Lesen einer Biografie kann uns daher Mut für unser eigenes Leben machen und uns Orientierung geben.

2. Greife fünf wichtige Merkmale einer Biografie heraus und notiere sie stichwortartig.

① ______________________________

② ______________________________

③ ______________________________

④ ______________________________

⑤ ______________________________

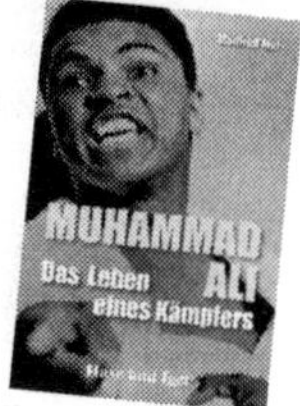

Blick durchs Schlüsselloch

MUHAMMAD
ALI
Das Leben
eines Kämpfers

Beim Lesen der Biografie von Muhammad Ali hast du wie durch ein Schlüsselloch in sein Leben geblickt und dich auf vielfältige Weise damit auseinandergesetzt.

Wähle einige Boxhandschuhe aus, mache dir Gedanken zu den Fragen und schreibe deine Antworten als fortlaufenden Text in dein Heft.

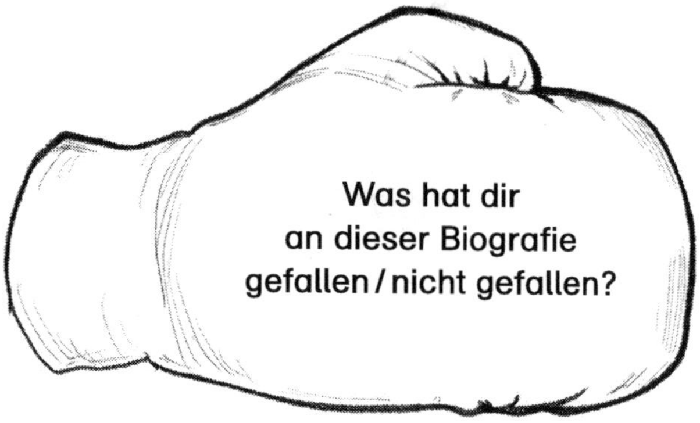
Was hat dir an dieser Biografie gefallen / nicht gefallen?

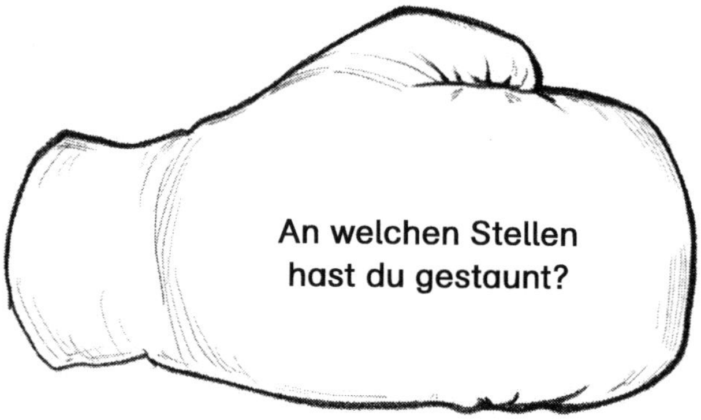
An welchen Stellen hast du gestaunt?

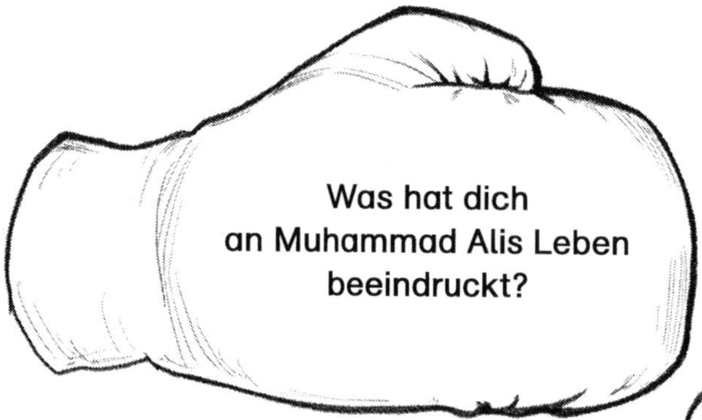
Was hat dich an Muhammad Alis Leben beeindruckt?

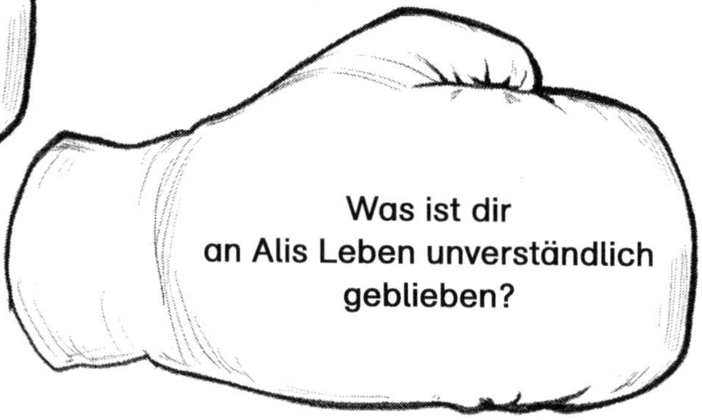
Was ist dir an Alis Leben unverständlich geblieben?

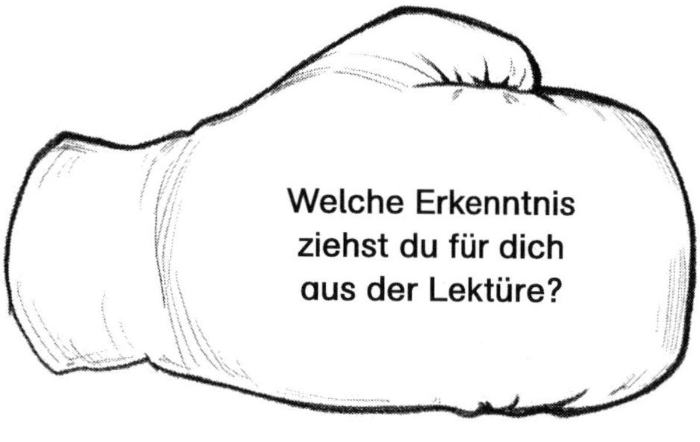
Welche Erkenntnis ziehst du für dich aus der Lektüre?

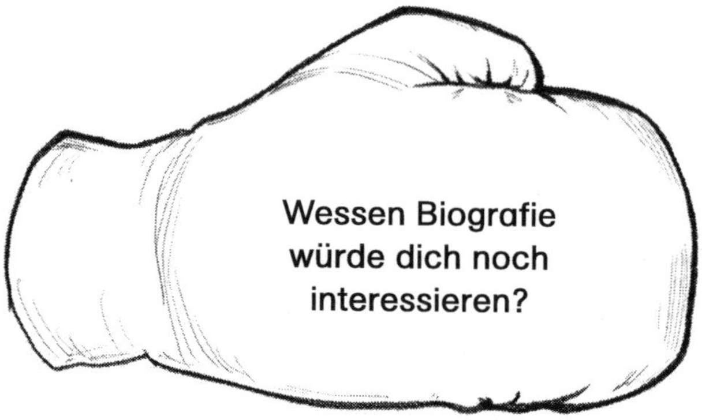
Wessen Biografie würde dich noch interessieren?

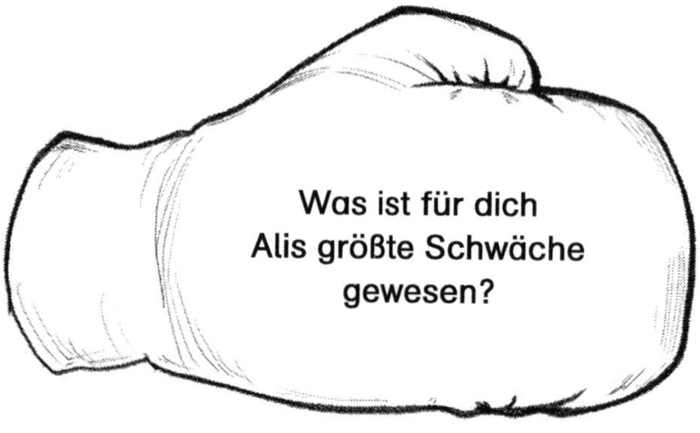
Was ist für dich Alis größte Schwäche gewesen?